U0141737

達賴喇嘛說

金剛經

作者——達賴喇嘛 尊者

譯者——呂家茵

審譯——佛子

達賴喇嘛說金剛經

【目次】

原典

一、《金剛般若波羅蜜經》鳩摩羅什譯，弘一法師書法

二、《能斷金剛般若波羅蜜多經》玄奘譯

金剛般若波羅蜜經

姚秦三藏法師鳩摩羅什譯

如是我聞。一時佛在舍衛國祇樹給孤獨園。與大比丘眾千二百五十人俱。尒時世尊食時。著衣持鉢。入舍衛大城乞食。於其城中次第乞已。還至本處。飯食訖。收衣鉢。

洗足已。敷座而坐。時長老須菩提、在大衆中、即從座起。偏袒右肩。右膝著地。合掌恭敬。而白佛言。希有。世尊。如来善護念諸菩薩。善付囑諸菩薩。世尊。善男子、善女人、發阿耨多羅三藐三菩提心、云何應住。云

何降伏其心。佛言。善
哉善哉。須菩提。如汝
所說、如來善護念諸
菩薩。善付囑諸菩薩。
汝今諦聽。當為汝說。
善男子、善女人、發阿
耨多羅三藐三菩提
心、應如是住。如是降
伏其心。唯然世尊。願
樂欲聞。

佛告須菩提。諸菩薩摩訶薩、應如是降伏其心。所有一切眾生之類。若卵生。若胎生。若溼生。若化生。若有色。若無色。若有想。若無想。若非有想非無想。我皆令入無餘涅槃而滅度之。如是滅度無量無數無邊眾生、實無眾生得滅度者。何以故。須菩提。若菩薩有我相人相眾生相壽者相、即非菩薩。

復次。須菩提。菩薩於法、應無所住、行於布施。所謂不住色布施。不住聲香味觸法布施。須菩提。菩薩應如

是布施不住於相。何
以故。若菩薩不住相
布施、其福德不可思
量。須菩提。於意云何。
東方虛空。可思量不。
不也。世尊。須菩提。南
西北方四維上下虛
空。可思量不。不也。世
尊。須菩提。菩薩無住
相布施、福德亦復如

是不可思量。須菩提。菩薩但應如所教住」。須菩提。於意云何。可以身相見如來不。不也。世尊。不可以身相得見如來。何以故。如來所說身相即非身相。佛告須菩提。凡所有相。皆是虛妄。若見諸相非相、即見如來」。

須菩提白佛言。世尊。頗有眾生、得聞如是言說章句、生實信不。佛告須菩提。莫作是說。如来滅後、後五百歲。有持戒修福者。扵此章句、能生信心、以此為實。當知是人、不於一佛二佛三四五佛而種善根。已扵無量千萬佛所種諸善根。聞是章句、乃至一念生淨信者。須菩提。如來悉知悉見、是諸眾生、得如是無量福德。何以故。是諸眾生、無復我相人相眾生相壽者相。無法相。亦無非法相。何以故。是諸眾生、若心取相、則為著我人衆生壽者。若取法相、即著我人衆生壽者。何以故。若取非法相、即著我人衆生壽者。是故不應取法、不應取非法。以是義故、如來常說、汝等比丘知我說法如筏喻者。法尚應捨、何況非法。

須菩提。於意云何。如來得阿耨多羅三藐三菩提耶。如來有所說法耶。須菩提言。如我解佛所說義。無有定法名阿耨多羅三藐三菩提。亦無有定法如來可說。何以故。如來所說法、皆不可取。不可說。非法非非法。所以者何。一切賢聖、皆以無為法而有差別。

須菩提。於意云何。若人滿三千大千世界七寶、以用布施。是人所得福德、寧為多不。須菩提言。甚多。世尊。何以故。是福德、即非福德性、是故如來說福德多。若復有人、於此経中、受持乃至四句偈等、為他人說其福勝彼。何以故。須菩提。一切諸佛、及諸佛阿耨多羅三藐三菩提法、皆從此経出。須菩提。所謂佛法者、即非佛法。須菩提。於意云何。須

陀洹能作是念、我得
須陀洹果不。須菩提
言。不也。世尊。何以故。
須陀洹名為入流。而
無所入。不入色聲香
味觸法。是名須陀洹。
須菩提。於意云何。斯
陀含能作是念、我得
斯陀含果不。須菩提
言。不也。世尊。何以故。

斯陀含名一往来。而實無往来。是名斯陀含。須菩提。扵意云何。阿那含能作是念、我得阿那含果不。須菩提言。不也。世尊。何以故。阿那含名為不来。而實無不来。是故名阿那含。須菩提。扵意云何。阿羅漢能作是念、我得阿羅漢道不。須菩提言。不也。世尊。何以故。實無有法。名阿羅漢。世尊。若阿羅漢作是念、我得阿羅漢道。即為著我人眾生壽者。世尊。佛說我得無諍三昧。人中最為第一。是第一離欲阿羅漢。世尊。我不作

是念、我是離欲阿羅
漢。世尊。我若作是念、
我得阿羅漢道。世尊
則不說須菩提是樂
阿蘭那行者。以須菩
提實無所行。而名須
菩提是樂阿蘭那行。」
佛告須菩提。於意云
何。如來昔在然燈佛
所、於法有所得不。不

也。世尊。如来在然燈
佛所、於法實無所得。
須菩提。於意云何。菩
薩莊嚴佛土不。不也。
世尊。何以故。莊嚴佛
土者、即非莊嚴。是名
莊嚴。是故須菩提。諸
菩薩摩訶薩、應如是
生清淨心不應住色
生心。不應住聲香味

觸法生心。應無所住
而生其心。須菩提。譬
如有人、身如須彌山
王。於意云何。是身為
大不。須菩提言。甚大。
世尊。何以故。佛說非
身。是名大身。
須菩提。如恆河中所
有沙數、如是沙等恆
河。於意云何。是諸恆

河沙。寧為多不。須菩
提言。甚多。世尊。但諸
恆河尚多無數。何況
其沙。須菩提。我今實
言告汝。若有善男子、
善女人、以七寶滿爾
所恆河沙數三千大
千世界、以用布施。得
福多不。須菩提言。甚
多。世尊。佛告須菩提。

若善男子、善女人、於此經中、乃至受持四句偈等、為他人說。而此福德、勝前福德。復次。須菩提。隨說是經、乃至四句偈等。當知此處、一切世間天人阿修羅、皆應供養、如佛塔廟。何況有人盡能受持讀誦。須菩

提。當知是人、成就最
上第一希有之法。若
是經典所在之處、即
為有佛、若尊重弟子。」
尒時須菩提白佛言。
世尊。當何名此經。我
等云何奉持。佛告須
菩提。是經名為金剛
般若波羅蜜。以是名
字、汝當奉持。所以者

何。須菩提。佛說般若波羅蜜、即非般若波羅蜜、是名般若波羅蜜。須菩提。於意云何。如來有所說法不。須菩提白佛言。世尊。如來無所說。須菩提。於意云何。三千大千世界所有微塵、是為多不。須菩提言。甚多。世

尊。須菩提。諸微塵如
來說非微塵、是名微
塵。如來說世界非世
界、是名世界。須菩提。
於意云何。可以三十
二相見如來不、不也。
世尊。不可以三十二
相得見如來、何以故。
如來說三十二相即
是非相、是名三十二

相。須菩提。若有善男子、善女人、以恒河沙等身命布施。若復有人、於此經中、乃至受持四句偈等、為他人說。其福甚多。

尒時須菩提。聞說是經。深解義趣。涕淚悲泣。而白佛言。希有。世尊。佛說如是甚深經

典、我從昔来所淂慧
眼、未曾得聞如是之
經。世尊。若復有人淂
聞是經。信心清淨。則
生實相。當知是人、成
就第一希有功德。世
尊。是實相者即是非
相、是故如来說名實
相。世尊。我今淂聞如
是經典。信解受持。不

足為難。若當來世、後五百歲。其有眾生、淂聞是經。信解受持。是人則為第一希有。何以故。此人無我相無人相無眾生相無壽者相。所以者何。我相即是非相。人相眾生相壽者相、即是非相。何以故。離一切諸相。

即名諸佛、佛告須菩
提。如是如是。若復有
人、得聞是經。不驚不
怖不畏。當知是人、甚
為希有。何以故。須菩
提。如來說第一波羅
蜜、即非第一波羅蜜、
是名第一波羅蜜。須
菩提。忍辱波羅蜜、如
來說非忍辱波羅蜜、

是名忍辱波羅蜜。何以故。須菩提。如我昔為歌利王割截身體。我扵尒時、無我相無人相無眾生相無壽者相。何以故。我扵往昔節節支解時。若有我相人相眾生相壽者相、應生瞋恨。須菩提。又念過去、於五百世作忍辱仙人。於尒所世、無我相無人相無衆生相無壽者相。是故須菩提。菩薩應離一切相、發阿耨多羅三藐三菩提心。不應住色生心。不應住聲香味觸法生心。應生無所住心。若心有住、即為非住。是故佛說菩薩心不應住色布施。須菩提。菩薩為利益一切眾生故、應如是布施。如來說一切諸相、即是非相。又說一切眾生、即非眾生。須菩提。如來是真語者、實語者、如語者、不誑語者、不異語者。須菩提。如來所得法、

此法無實無虛。須菩
提。若菩薩心住扵法
而行布施。如人入暗、
則無所見。若菩薩心
不住法而行布施。如
人有目、日光明照見
種種色。須菩提。當来
之世。若有善男子、善
女人、能扵此经受持
讀誦。則為如来以佛

智慧悉知是人、悉見是人、皆得成就無量無邊功德。須菩提。若有善男子、善女人、初日分以恆河沙等身布施。中日分復以恆河沙等身布施。後日分亦以恆河沙等身布施。如是無量百千萬億劫、以

身布施。若復有人、聞
此經典、信心不逆。其
福勝彼。何況書寫受
持讀誦、為人解說。須
菩提。以要言之。是經
有不可思議、不可稱
量、無邊功德。如來為
發大乘者說、為發最
上乘者說。若有人能
受持讀誦、廣為人說。

如來悉知是人、悉見是人、皆得成就不可量、不可稱、無有邊、不可思議功德。如是人等、則為荷擔如來阿耨多羅三藐三菩提。何以故。須菩提。若樂小法者、著我見人見眾生見壽者見。則於此經、不能聽受讀誦、

為人解說。須菩提。在
在處處、若有此經。一
切世間天人阿修羅、
所應供養。當知此處、
則為是塔。皆應恭敬、
作禮圍繞、以諸華香
而散其處。
復次。須菩提。善男子、
善女人、受持讀誦此
經、若為人輕賤。是人

先世罪業、應墮惡道。以今世人輕賤故、先世罪業則為消滅。當得阿耨多羅三藐三菩提。須菩提。我念過去無量阿僧祇劫、於然燈佛前、得值八百四千萬億那由他諸佛。悉皆供養承事、無空過者。若復有人、於

後末世、能受持讀誦
此經。所得功德、於我
所供養諸佛功德、百
分不及一。千萬億分、
乃至算數譬喻所不
能及。須菩提。若善男
子、善女人、於後末世、
有受持讀誦此經、所
得功德。我若具說者、
或有人聞、心即狂亂。

狐疑不信須菩提當知是經義不可思議、果報亦不可思議。尒時須菩提白佛言。世尊。善男子、善女人、發阿耨多羅三藐三菩提心、云何應住。云何降伏其心。佛告須菩提。善男子、善女人、發阿耨多羅三藐三

菩提心者。當生如是
心、我應滅度一切眾
生、滅度一切眾生已、
而無有一眾生實滅
度者。何以故。須菩提。
若菩薩有我相人相
眾生相壽者相、則非
菩薩。所以者何。須菩
提。實無有法發阿耨
多羅三藐三菩提心

者。須菩提。扵意云何。如来於然燈佛所。有法得阿耨多羅三藐三菩提不。不也。世尊。如我解佛所說義。佛扵然燈佛所。無有法淂阿耨多羅三藐三菩提。佛言。如是如是。須菩提。實無有法如来淂阿耨多羅三藐

三菩提。須菩提。若有
法如来得阿耨多羅
三藐三菩提者、然燈
佛則不與我授記。汝
於来世、當得作佛、號
釋迦牟尼。以實無有
法得阿耨多羅三藐
三菩提、是故然燈佛
與我授記。作是言。汝
於来世、當得作佛、號

釋迦牟尼。何以故。如
來者、即諸法如義。若
有人言。如來得阿耨
多羅三藐三菩提。須
菩提。實無有法、佛得
阿耨多羅三藐三菩
提。須菩提。如來所得
阿耨多羅三藐三菩
提、於是中無實無虛。
是故如來說一切法

皆是佛法。須菩提。所言一切法者、即非一切法、是故名一切法。須菩提。譬如人身長大。須菩提言。世尊。如來說人身長大、即為非大身、是名大身。須菩提。菩薩亦如是。若作是言。我當滅度無量眾生。則不名菩薩。

何以故。須菩提。實無有法名為菩薩。是故佛說一切法無我無人無眾生無壽者。須菩提。若菩薩作是言。我當莊嚴佛土。是不名菩薩。何以故。如來說莊嚴佛土者，即非莊嚴，是名莊嚴。須菩提。若菩薩通達無我法者。如来說名真是菩薩。須菩提。於意云何。如来有肉眼不。如是。世尊。如来有肉眼。須菩提。於意云何。如来有天眼不。如是。世尊。如来有天眼。須菩提。於意云何。如来有慧眼不。如是。世尊。如来有慧眼。須菩提。於意云何。如来有法眼不。如是。世尊。如来有法眼。須菩提。於意云何。如来有佛眼不。如是。世尊。如来有佛眼。須菩提。於意云何。如恆河中所有沙。佛說是沙不。如是。世尊。如来說是沙。須菩提。於意云何。如一恒河中所有沙、有如是沙等恒河、是諸恒河所有沙數、佛世界如是。寧為多不。甚多。世尊。佛告須菩提。尒所國土中、所有衆生、若干種心。如来悉知。何以故。如来說諸心、皆為非心、是名為心。所以者何。須菩提。過去心不可淂。現在心不可得。未来心不可得。

須菩提。於意云何。若有人滿三千大千世界七寶、以用布施。是人以是因緣、淂福多不。如是。世尊。此人以是因緣、淂福甚多。須菩提。若福德有實、如

来不說淂福德多。以
福德無故、如来說淂
福德多。
須菩提。於意云何。佛
可以具足色身見不。
不也。世尊。如来不應
以具足色身見。何以
故。如来說具足色身、
即非具足色身、是名
具足色身。須菩提。於

意云何。如来可以具足諸相見不。不也。世尊。如来不應以具足諸相見。何以故。如来說諸相具足、即非具足、是名諸相具足。須菩提。汝勿謂如来作是念、我當有所說法。莫作是念。何以故。若人言如来有所說法、即為謗佛。不能解我所說故。須菩提。說法者、無法可說、是名說法。爾時慧命須菩提白佛言。世尊。頗有眾生、於未來世、聞說是法、生信心不。佛言。須菩提。彼非眾生、非不眾生。何以故。須菩提。眾生眾生者、如來說非眾生、是名眾生。」須菩提白佛言。世尊。佛得阿耨多羅三藐三菩提、為無所得耶。佛言。如是如是。須菩提。我於阿耨多羅三藐三菩提、乃至無有少法可得、是名阿耨多羅三藐三菩提。復次。須菩提。是法平

等。無有高下。是名阿
耨多羅三藐三菩提。
以無我無人無衆生
無壽者、修一切善法、
即得阿耨多羅三藐
三菩提。須菩提。所言
善法者、如来說即非
善法、是名善法。
須菩提。若三千大千
世界中所有諸須弥

山王、如是等七寶聚、
有人持用布施。若人
以此般若波羅蜜經、
乃至四句偈等、受持
讀誦、為他人說。於前
福德、百分不及一。百
千萬億分、乃至算數
譬喻所不能及。
須菩提。於意云何。汝
等勿謂如來作是念、

我當度眾生。須菩提。莫作是念。何以故。實無有眾生如来度者。若有眾生如来度者、如来即有我人眾生壽者。須菩提。如来說有我者、即非有我。而凡夫之人、以為有我。須菩提。凡夫者、如来說即非凡夫是名凡夫。須菩提。於意云何。可以三十二相觀如来不。須菩提言。如是如是。以三十二相觀如来。佛言。須菩提。若以三十二相觀如来者、轉輪聖王即是如来。須菩提白佛言。世尊。如我解佛所說義。不

應以三十二相觀如
来。尒時世尊而說偈
言。
若以色見我
以音聲求我
是人行邪道
不能見如来」
須菩提。汝若作是念、
如来不以具足相故、
淂阿耨多羅三藐三

菩提。須菩提。莫作是念、如來不以具足相故、得阿耨多羅三藐三菩提。須菩提。汝若作是念、發阿耨多羅三藐三菩提心者、說諸法斷滅。莫作是念。何以故。發阿耨多羅三藐三菩提心者、於法不說斷滅相。

須菩提。若菩薩以滿恆河沙等世界七寶、持用布施。若復有人、知一切法無我、得成於忍。此菩薩勝前菩薩所得功德。何以故。須菩提。以諸菩薩不受福德故。須菩提白佛言。世尊。云何菩薩不受福德。須菩提。菩薩所作福德，不應貪著。是故說不受福德。」須菩提。若有人言，如來若來若去若坐若臥。是人不解我所說義。何以故。如來者，無所從來，亦無所去，故名如來。

須菩提。若善男子，善女人，以三千大千世

界碎為微塵。於意云何。是微塵眾、寧為多不。須菩提言。甚多。世尊。何以故。若是微塵眾實有者、佛即不說是微塵眾。所以者何。佛說微塵眾、即非微塵眾、是名微塵眾。世尊。如来所說三千大千世界、即非世界、是

名世界。何以故。若世
界實有者、即是一合
相。如來說一合相、即
非一合相、是名一合
相。須菩提。一合相者、
即是不可說。但凡夫
之人、貪著其事。
須菩提。若人言、佛說
我見人見眾生見壽
者見。須菩提。於意云

何。是人解我所說義不。不也。世尊。是人不解如來所說義。何以故。世尊說我見人見衆生見壽者見、即非我見人見衆生見壽者見、是名我見人見衆生見壽者見。須菩提。發阿耨多羅三藐三菩提心者、於一切法、應如是知、如是見、如是信解、不生法相。須菩提。所言法相者、如來說即非法相、是名法相。須菩提。若有人以滿無量阿僧祇世界七寶、持用布施。若有善男子、善女人、發菩提心者。持於此經、乃至

四句偈等、受持讀誦、
為人演說。其福勝彼。
云何為人演說。不取
於相、如如不動。何以
故。

一切有為法
如夢幻泡影
如露亦如電
應作如是觀

佛說是經已。長老須

菩提、及諸比丘比丘尼、優婆塞優婆夷、一切世間天人阿修羅。聞佛所說、皆大歡喜。信受奉行。

金剛般若波羅蜜經

歲次丙子三月二十一日敬書四月初八日書訖以此功德迴向亡友金咨甫夢曉居士願彼業障消除往生極樂世界早證無上菩提普度一切眾生　沙门演音弘一并記

浴甫浙金華武義人弱冠游
杭學于高師藝術專科博采
本田氏授手工讚其精絕求
諸彼邦未之有也尒後任杭
州師範兼女學歌樂教師二
十年嘗語余曰始任教師頗
多佳興近唯頹倦耳余來南
閩曠絕音問甲戌九月印西
上人書來謂浴甫卧病半載
艱苦備歷已謝世矣遺囑請
余寫經為其迴向佛道忽忽
二載及于今夏書寫乃訖併
志緣起焉龍集玄枵木槿榮
月演音時掩室古浪日光院

原典二：玄奘版 [1]

〈般若佛母禮讚文〉

離言詮思般若波羅蜜，
無生不滅虛空之本質，
唯一勝妙觀慧所行境，
禮敬三世諸佛殊勝母。

梵文：阿日雅　班雜　擦增達格　巴日　迦巴日　目達　拿
摩　瑪哈雅那　梭扎。

藏文為《聖般若波羅蜜多能斷金剛大乘經》，禮敬諸佛菩薩！

1 編註：唐代玄奘大師所譯《金剛經》，中土流傳雖不若鳩摩羅什譯版廣，但內容與藏傳版相近，尊者在印度達蘭沙拉講說《金剛經》，現場發給華人法友的經文即是此版，故附錄於此。本頁自〈般若佛母禮讚文〉至「禮敬諸佛菩薩！」等內容，係法王開示現場法本「前行」，依藏傳傳統，在玄奘大師譯版之前加上「禮讚文」暨「解經名」。

能斷金剛般若波羅蜜多經

如是我聞，一時，薄伽梵在室羅筏（舍衛國），住誓多林給孤獨，與大苾芻[1]眾千二百五十人俱，爾時，世尊於日初分，整理裳服，執持衣，入室羅筏大城乞食，時，薄伽梵於其城中行乞食已，出還本處，飯食訖，收衣，洗足已，於食後時，敷如常座，結跏趺坐，端身正願，住對面念，時，諸苾芻來詣佛所，到已頂禮世尊雙足，右遶三匝，退坐一面，具壽善現亦於如是眾會中坐。

爾時，眾中具壽善現[2]從座而起，偏袒一肩，右膝著地，合掌恭敬而白佛言：「希有！世尊！乃至如來應正等覺，能以最勝攝受，攝受諸菩薩摩訶薩，乃至如來應正等覺，能以最勝付囑，付囑諸菩薩摩訶薩，世尊！諸有發趣菩薩乘者，應云何住？云何修行？云何攝伏其心？」作是語已。

爾時，世尊告具壽善現曰：「善哉！善哉！善現！如是，如是，如汝所說，乃至如來應正等覺，能以最勝攝受，攝受諸菩薩摩訶薩，乃至如來應正等覺，能以最勝付囑，付囑諸菩薩摩訶薩，是故，善現！汝應諦聽，極善作意。吾當為汝分別解說，諸有發趣菩薩乘者，應如是住，如是修行，如是攝伏其心。」具壽善現白佛言：「如是，世尊！願樂欲聞。」

佛言：「善現！諸有發趣菩薩乘者，應當發起如是之心，所有諸有情，有情攝所攝，若卵生、若胎生、若濕生、若化生，若有色、若無色、若有想、若無想、若非有想非無想，乃至有情界施設所施設，我皆令入無餘涅槃而滅度之。如是一切，我當皆令於無餘依妙涅槃界而般涅槃，雖度如是無量有情令滅度已，而無有情得滅度者。何以故？善現！若諸菩薩摩訶薩有情想轉，不應說名菩薩摩訶薩，所以者何？善現！若諸菩薩摩訶薩不應說言有情想轉，如是命者想、士夫想、補特伽羅[3]想、意生想、摩納婆想、作者想、受者想轉，當知亦爾。何以故？善現！無有少法，名為發趣菩薩乘者。

復次，善現！菩薩摩訶薩不住於事應行布施，都無所住應行布施，不住於色應行布施，不住聲、香、味、觸、法，應行布施，善現！如是菩薩摩訶薩，如不住相想應行布施。何以故？善現！若菩薩摩訶薩都無所住而行布施，其福德聚不可取量。」

佛告善現：「於汝意云何？東方虛空可取量不？」善現答言：「不也，世尊！」

「善現！如是南西北方四維上下，周遍十方一切世界，虛空可取量不？」善現答言：「不也，世尊！」

佛告善現：「於汝意云何？可以諸相具足觀如來不？」善現答言：「不也，世尊！不應以諸相具足觀於如來，何以故？如來說諸相具足，即非諸相具足。」說是語已。佛復告長者善現言：「善現！乃至諸相具足皆是虛妄，乃至非相具足，皆非虛妄。如來相好莊嚴無存在。」

說是語已，具壽善現復白佛言：「世尊！頗有有情於當來世，後時，後分，後五百歲，正法將滅時分轉時，聞說如是色經典句，生實想不？」佛告善現：「勿作是說，頗有有情於當來世，後時，後分，後五百歲，正法將滅時分轉時，聞說如是色經典句，生實想不？然復，善現！有菩薩摩訶薩於當來世，後時，後分，後五百歲，正法將滅時分轉時，具足尸羅[4]、具德、具慧。復次，善現！彼菩薩摩訶薩，非於一佛所承事供養，非於一佛所種諸善根，然復。善現！彼菩薩摩訶薩於其非一，百、千佛所承事供養，於其非一，百、千佛所種諸善根，乃能聞說如是色經典句，當得一淨信心。善現！如來以其佛智悉已知彼，如來以其佛眼悉已見彼，善現！如來悉已覺彼一切有情，當生無量無數福聚，當攝無量無數福聚。何以故？善現！彼菩薩摩訶薩無我想轉，無有情想，無命者想，無士夫想，無補特伽羅想，無意生想，無摩納婆想，無作者想，無受者想轉。

如摩納婆聞，無法想轉，無非法想轉，無想轉，亦無非想轉，所以者何？善現！若菩薩摩訶薩有法想轉，彼即應有我執、有情執、命者執、補特伽羅等執。若時有蘊執，彼即有我執，有情執，命者執，補特伽羅等執。若有非法想轉，彼亦應有我執，有情執，命者執，補特伽羅等執。何以故？善現！不應取法，不應取非法，是故如來密意而說筏喻法門，諸有智者，法尚應斷，何況非法？」

佛復告具壽善現言：「善現！於汝意云何？頗有少法如來應正等覺，證得阿耨多羅三藐三菩提耶？頗有少法如來應正等覺是所說耶？」善現答言：「世尊！如我解佛所說義者，無有少法如來應正等覺，證得阿耨多羅三藐三菩提；亦無有少法是如來應正等覺所說。何以故？世尊！如來應正等覺所證、所說、所思惟法，皆不可取、不可宣說、非法、非非法。何以故？以諸賢聖補特伽羅，皆是無為之所顯故。」

佛告善現：「於汝意云何？若善男子或善女人，以此三千大千世界盛滿七寶持用布施，是善男子或善女人，由此因緣所生福聚，寧為多不？」善現答言：「甚多，世尊！甚多，善逝！是善男子或善女人，由此因緣所生福聚其量甚多。何以故？世尊！福德聚福德聚者如來說為非福德聚。是故，如來說名福德聚非福德聚。」

佛復告善現言：「善現！若善男子或善女人以此三千大千世界盛滿七寶持用布施，若善男子或善女人於此法門乃至四句伽陀[5]，受持、讀誦、究竟通利及廣為他宣說、開示，如理作意，由是因緣所生福聚甚多於前無量無數。何以故？一切如來應正等覺、阿耨多羅三藐三菩提，皆從此經出，諸佛世尊皆從此經生。所以者何？善現，諸佛法、諸佛法者，如來說為非諸佛法，是故如來說名諸佛法。」

佛告善現：「於汝意云何？諸預流者[6]頗作是念：『我能證得預流果』？善現答言：「不也，世尊！諸預流者不作是念：『我能證得預流之果。』何以故？世尊！諸預流者無少所預，故名預流，不預色、聲、香、味、觸、法，故名預流。世尊！若預流者作如是念：『我能證得預流之果』…何以故？世尊！諸預流者無少所預，故名預流，不預色、聲、香、味、觸、法，故名預流。世尊！若預流者作如是念：『我能證得預流之果。』即為執我、有情、命者、士夫、補特伽羅等。」

佛告善現：「於汝意云何？諸一來者 7 頗作是念：『我
能證得一來果不』？善現答言：『不也，世尊！諸一來者不
作是念：『我能證得一來之果。』何以故？世尊！以無少法
證一來性，故名一來。」

佛告善現：「於汝意云何？諸不還者 8 頗作是念：『我
能證得不還果』不？」善現答言：「不也，世尊！諸不還者
不作是念：『我能證得不還之果。』何以故？世尊！以無少
法證不還性，故名不還。」

佛告善現：「於汝意云何？諸阿羅漢頗作是念：『我能證得阿羅漢』不？」善現答言：「不也，世尊！諸阿羅漢不作是念：『我能證得阿羅漢性。』何以故？世尊！以無少法名阿羅漢，由是因緣名阿羅漢。世尊！若阿羅漢作如是念：『我能證得阿羅漢性。』即為執我、有情、命者、士夫、補特伽羅等。所以者何？世尊！如來應正等覺，說我得無諍住最為第一，世尊！我雖是阿羅漢永離貪欲，而我未曾作如是念：『我得阿羅漢永離貪欲。』世尊！我若作如是念：『我

得阿羅漢永離貪欲者。』如來不應記說我言，善現善男子得無諍住最為第一，以都無所住，是故如來說名無諍住無諍住。」

佛告善現：「於汝意云何？如來昔在燃燈如來應正等覺所，頗於少法有所取不？」善現答言：「不也，世尊！如來昔在燃燈如來應正等覺所，都無少法而有所取。」

佛告善現：「若有菩薩作如是言：『我當成辦佛土功德莊嚴。』如是菩薩非真實語。何以故？善現！佛土功德莊嚴、佛土功德莊嚴者，如來說非莊嚴，是故如來說，名佛土功德莊嚴，佛土功德莊嚴。是故，善現！菩薩如是，都無所住應生其心，不住於色應生其心，不住非色應生其心，不住聲、香、味、觸、法，應生其心。」

佛告善現：「如有士夫具身大身，其色自體假使譬如妙高山王。善現！於汝意云何？彼之自體為廣大不？」善現答言：「彼之自體廣大，世尊！廣大，善逝！何以故？世尊！彼之自體，如來說非彼體故名自體，非以彼體故名自體。」

佛告善現：「於汝意云何？乃至殑伽河[9]中所有沙數，假使有如是沙等殑伽河，是諸殑伽河沙寧為多不？」善現答言：「甚多，世尊！甚多，善逝！諸殑伽河尚多無數，何況其沙！」佛言：「善現！吾今告汝，開覺於汝：假使若善男子或善女人，以妙七寶盛滿爾所殑伽河沙等世界，奉施如來應正等覺，善現！於汝意云何？是善男子或善女人，由此因緣所生福聚寧為多不？」善現答言：「甚多，世尊！甚多，善逝！是善男子或善女人，由此因緣所生福聚其量甚多。」

佛復告善現：「若以七寶盛滿爾所沙等世界，奉施如來應正等覺，若善男子或善女人，於此法門乃至四句伽陀，受持、讀誦、究竟通利，及廣為他宣說、開示，如理作意，由此因緣所生福聚，甚多於前無量無數。復次，善現！若地方所，於此法門乃至為他宣說，開示四句伽陀，此地方所尚為世間諸天及人、阿素洛[10]等之所供養如佛靈廟，何況有能於此法門具足究竟，書寫、受持、讀誦、究竟通利，及廣為他宣說、開示，如理作意，如是有情成就最勝稀有功德。此地方所，大師所住，或隨一一尊重處所，若諸有智同梵行者，說是語已。」

具壽善現復白佛言：「世尊！當何名此法門，我當云何奉持？」作是語已。佛告善現言：「具壽！今此法門名為《能斷金剛般若波羅蜜多》，如是名字汝當奉持。何以故？善現！如是般若波羅蜜多，如來說為非般若波羅蜜多，是故如來說名般若波羅蜜多。」

佛告善現：「於汝意云何？頗有少法如來可說不？」善現答言：「不也，世尊！無有少法如來可說。」

佛告善現：「乃至三千大千世界，大地微塵寧為多不？」善現答言：「此地微塵甚多，世尊！甚多，善逝！」佛言：「善現！大地微塵，如來說非微塵，是故如來說名大地微塵。諸世界，如來說非世界，是故如來說名世界。」

佛告善現：「於汝意云何？應以三十二大士夫相，觀於如來應正等覺不？」善現答言：「不也，世尊！不應以三十二大士夫相觀於如來應正等覺。何以故？世尊！三十二大士夫相，如來說為非相，是故如來說名三十二大士夫相。」

佛復告善現言：「假使若有善男子或善女人，於日日分捨施殑伽河沙等自體，如是經，殑伽河沙等劫數捨施自體，復有善男子或善女人，於此法門乃至四句伽陀，受持、讀誦、究竟通利，及廣為他宣說、開示，如理作意，由是因緣所生福聚，甚多於前無量無數。」

爾時，具壽善現聞法威力悲泣落淚，抆淚而白佛言：「甚奇稀有，世尊！最極稀有，善逝！如來今者所說法門，普為發趣最上乘者作諸義利，普為發趣最勝乘者作諸義利。世尊！我昔生智以來，未曾得聞如是法門。世尊！若諸有情聞說如是甚深經典生真實想，當知成就最勝稀有。何以故？世尊！諸真實想真實想者，如來說為非想，是故如來說名真實想真實想者。世尊！我今聞說如是法門，領悟、信解未為稀有，若諸有情於當來世，後時、後分、後五百歲，正法將滅時分轉時，當於如是甚深法門，領悟、信解、受持、讀誦、究竟通利，及廣為他宣說、開示、如理作意，當知成就最勝稀有。

何以故？世尊！彼諸有情無我想轉、無有情想、無命者想、無士夫想、無補特伽羅想、無意生想、無摩納婆想、無作者想、無受者想轉。所以者何？世尊！諸我想即是非想，諸有情想、命者想、士夫想、補特伽羅想、意生想、摩納婆想、作者想、受者想即是非想。何以故？諸佛世尊離一切想。」

作是語已。爾時，世尊告具壽善現言：「如是，如是，善現！若諸有情聞說如是甚深經典，不驚、不懼、無有怖畏，當知成就最勝稀有。」

「何以故？善現！如來說最勝波羅蜜多，謂般若波羅蜜多，善現！如來所說最勝波羅蜜多，無量諸佛世尊所共宣說，故名最勝波羅蜜多，如來說最勝波羅蜜多，即非波羅蜜多，是故如來說名最勝波羅蜜多。復次，善現！如來說忍辱波羅蜜多，即非波羅蜜多，是故如來說名忍辱波羅蜜多。何以故？善現！我昔過去世，曾為羯利王斷肢節肉，我於爾時都無我想或有情想、或命者想、或士夫想、或補特伽羅想、或意生想、或摩納婆想、或作者想、或受者想，我於爾時都無有想亦非無想。何以故？善現！我於爾時若有我想，即於爾時應有恚想，我於爾時若有有情想、命者想、士夫想、補特伽羅想、意生想、摩納婆想、作者想、受者想，即於爾時應有恚想。」

「何以故？善現！我憶過去五百生中，曾為自號忍辱仙人，我於爾時都無我想、無有情想、無命者想、無士夫想、無補特伽羅想、無意生想、無摩納婆想、無作者想、無受者想，我於爾時都無有想亦非無想，是故，善現！菩薩摩訶薩遠離一切想，應發阿耨多羅三藐三菩提心，不住於色應生其心，不住非色應生其心，不住聲、香、味、觸、法應生其心，不住非聲、香、味、觸、法應生其心，都無所住應生其心。何以故？善現！諸有所住則為非住，是故如來說諸菩薩應無所住而行佈施，不應住色、聲、香、味、觸、法而行佈施。復次，善現！菩薩摩訶薩為諸有情作義利故，應當如是棄捨佈施。何以故？善現！諸有情想即是非想，一切有情，如來即說為非有情，善現！如來是實語者、諦語者、如語者、不異語者。復次，善現！如來現前等所證法，或所說法，或所思法，即於其中非諦非妄。善現！譬如士夫入於暗室都無所見，當知菩薩若墮於事，謂墮於事而行佈施，亦復如是。善現！譬如明眼士夫，過夜曉已，日光出時，見種種色，當知菩薩不墮於事，謂不墮事而行佈施，亦復如是。

復次，善現！若善男子或善女人，於此法門受持、讀誦、究竟通利，及廣為他宣說、開示、如理作意，則為如來以其佛智，悉知是人，則為如來以其佛眼，悉見是人，則為如來悉覺是人，如是有情一切當生無量福聚。復次，善現！假使善男子或善女人，日初時分以殑伽河沙等自體佈施，日中時分復以殑伽河沙等自體佈施，日後時分亦以殑伽河沙等自體佈施，由此法門經於俱胝那庾多百千劫（無量百千萬劫）以自體佈施，若有聞說如是法門，不生誹謗，由此因緣所生福聚，尚多於前無量無數，何況能於如是法門具足畢竟，書寫、受持、讀誦、究竟通利，及廣為他宣說、開示、如理作意。復次，善現！如是法門不可思議，不可稱量，應當希冀不可思議所感異熟。善現！如來宣說如是法門，為欲饒益趣最上乘諸有情故，為欲饒益趣最勝乘諸有情故，善現！若有於此法門受持、讀誦、究竟通利，及廣為他宣說、開示、如理作意，即為如來以其佛智，悉知是人，即為如來以其佛眼，悉見是人，則為如來悉覺是人，如是有情一切成就無量福聚，皆當成就不可思議、不可稱量無邊福聚。善現！如是一切有情，其肩荷擔如來無上正等菩提。何以故？善現！如是法門，非諸下劣信解有情所能聽聞，非諸我見、非諸有情見、非諸命者見、非諸士夫見、非諸補特伽羅見、非諸意生見、非諸摩納婆見、非諸作者見、非諸受者見所能聽聞，此等若能受持、讀誦、究竟通利，及廣為他宣說、開示、如理作意，無有是處。復次，善現！若地方所聞此經典，此地方所當為世間諸天及人、阿素洛等之所供養、禮敬、右遶如佛靈廟。

復次，善現！若善男子或善女人，於此經典受持、讀誦、究竟通利，及廣為他宣說、開示、如理作意，若遭輕毀、極遭輕毀，所以者何？善現！是諸有情宿生所造諸不淨業，應感惡趣，以現法中遭輕毀故，宿生所造諸不淨業皆悉消盡，當得無上正等菩提。何以故？善現！我憶過去於無數劫復過無數（無量阿僧祇劫），於燃燈如來應正等覺，復過先曾值八十四俱胝那庾多[11]百千諸佛，我皆承事，既承事已，皆無違犯。善現！我於如是諸佛世尊皆得承事，既承事已，皆無違犯，若諸有情後時、後分、後五百歲，正法將滅時分轉時，於此經典受持、讀誦、究竟通利，及廣為他宣說、開示、如理作意，善現！我先福聚於此福聚，百分計之所不能及，如是千分，若百千分、若俱胝百千分，若俱胝那庾多百千分，若數分，若計分，若算分，若喻分，若鄔波尼殺曇分[12]亦不能及。善現！我若具說，當於爾時是善男子或善女人，所生福聚，乃至是善男子或善女人，所攝福聚，有諸有情則便迷悶，心或狂亂，是故，善現！如來宣說如是法門不可思議、不可稱量，應當希冀不可思議所感異熟。」

爾時，具壽善現復白佛言：「世尊！諸有發趣菩薩乘者，應云何住？云何修行？云何攝伏其心？」佛告善現：「諸有發趣菩薩乘者，應當發起如是之心：『我當皆令一切有情，於無餘依妙涅槃界而般涅槃，雖度如是一切有情，令滅度已，而無有情得滅度者。』何以故？善現！若諸菩薩摩訶薩有情想轉，不應說名菩薩摩訶薩，所以者何？若諸菩薩摩訶薩不應說言有情想轉，如是命者想、士夫想、補特伽羅想、意生想、摩納婆想、作者想、受者想轉，當知亦爾。何以故？善現！無有少法名為發趣菩薩乘者。」

佛告善現：「於汝意云何？如來昔於燃燈如來應正等覺所，頗有少法，能證阿耨多羅三藐三菩提不？」作是語已，具壽善現白佛言：「世尊！如我解佛所說義者，如來昔於燃燈如來應正等覺所，無有少法，能證阿耨多羅三藐三菩提。」

說是語已，佛告具壽善現言：「如是，如是，善現！如來昔於燃燈如來應正等覺所，無有少法，能證阿耨多羅三藐三菩提。何以故？善現！如來昔於燃燈如來應正等覺所，若有少法，能證阿耨多羅三藐三菩提者，燃燈如來應正等覺不應授我記言：『汝摩納婆於當來世，名釋迦牟尼如來應正等覺。』善現！以如來無有少法，能證阿耨多羅三藐三菩提，是故燃燈如來應正等覺授我記言：『汝摩納婆於當來世，名釋迦牟尼如來應正等覺。』所以者何？善現！言如來者，即是真實，真如增語；言如來者，即是無生，法性增語；言如來者，即是永斷道路增語；言如來者，即是畢竟不生增語。何以故？善現！若實無生，即最勝義，善現！若如是說如來應正等覺，能證阿耨多羅三藐三菩提者，當知此言為不真實，所以者何？善現！由彼謗我起不實執。何以故？善現！無有少法，如來應正等覺能證阿耨多羅三藐三菩提，善現！如來現前等所證法，或所說法，或所思法，即於其中非諦非妄，是故，如來說一切法皆是佛法。」

「善現！一切法一切法者，如來說非一切法，是故如來說名一切法一切法。」佛告善現：「譬如士夫具身大身。」具壽善現即白佛言：「世尊！如來所說士夫具身大身，如來說為非身，是故說名具身大身。」佛言：「善現！如是，如是，若諸菩薩作如是言，我當滅度無量有情，是則不應說名菩薩。何以故？善現！頗有少法名菩薩不？」善現答言：「不也，世尊！無有少法名為菩薩。」佛告善現：「有情有情者，如來說非有情，故名有情，是故如來說一切法無有有情、無有命者、無有士夫、無有補特伽羅等。」

「善現！若諸菩薩作如是言：『我當成辦佛土功德莊嚴』，亦如是說。何以故？善現！佛土功德莊嚴、佛土功德莊嚴者，如來說非莊嚴，是故如來說名佛土功德莊嚴，佛土功德莊嚴。善現！若諸菩薩於無我、法無我、法深信解者，如來應正等覺說為菩薩菩薩。」

佛告善現：「於汝意云何？如來等現有肉眼不？」善現答言：「如是，世尊！如來等現有肉眼。」

佛言：「善現！於汝意云何？如來等現有天眼不？」善現答言：「如是，世尊！如來等現有天眼。」

佛言：「善現！於汝意云何？如來等現有慧眼不？」善現答言：「如是，世尊！如來等現有慧眼。」

佛言：「善現！於汝意云何？如來等現有法眼不？」善

現答言：「如是，世尊！如來等現有法眼。」

佛言：「善現！於汝意云何？如來等現有佛眼不？」善現答言：「如是，世尊！如來等現有佛眼。」

佛告善現：「於汝意云何？乃至殑伽河中所有諸沙，如來說是沙不？」善現答言：「如是，世尊！如是，善逝！如來說是沙。」

佛言：「善現！於汝意云何？乃至殑伽河中所有沙數，假使有如是等殑伽河，乃至是諸殑伽河中所有沙數，假使有如是等世界，是諸世界寧為多不？」善現答言：「如是，世尊！如是，善逝！是諸世界其數甚多。」

佛言：「善現！乃至爾所諸世界中所有有情，彼諸有情各有種種，其心流注我悉能知。何以故？善現！心流注心流注者，如來說非流注，是故如來說名心流注心流注，所以者何？善現！過去心不可得，未來心不可得，現在心不可得。」

佛告善現：「於汝意云何？若善男子或善女人，以此三千大千世界盛滿七寶奉施如來應正等覺，是善男子或善女人，由是因緣所生福聚寧為多不？」善現答言：「甚多，世尊！甚多，善逝！」

佛言：「善現！如是，如是，彼善男子或善女人，由此因緣所生福聚其量甚多。何以故？善現，若有福聚，如來不說福聚福聚。」

佛告善現：「於汝意云何？可以色身圓實觀如來不？」善現答言：「不也，世尊！不可以色身圓實觀於如來。何以故？世尊！色身圓實，色身圓實者，如來說非圓實，是故如來說名色身圓實色身圓實。」

佛告善現：「於汝意云何？可以諸相具足觀如來不？」善現答言：「不也，世尊！不可以諸相具足觀於如來。何以故？世尊！諸相具足，諸相具足者，如來說為非相具足，是故如來說名諸相具足諸相具足。」

佛告善現：「於汝意云何？如來頗作是念：『我當有所說法耶。』善現！汝今勿當作如是觀。何以故？善現！若言如來有所說法，即為謗我為非善取，何以故？善現！說法說法者，無法可說，故名說法。」

爾時，具壽善現白佛言：「世尊！於當來世後時、後分、後五百歲，正法將滅時分轉時，頗有有情聞說如是，色類法已能深信不？」佛言：「善現！彼非有情，非不有情。何以故？善現！一切有情者，如來說非有情，故名一切有情。」

佛告善現：「於汝意云何？頗有少法，如來應正等覺現證無上正等菩提耶？」具壽善現白佛言：「世尊！如我解佛所說義者，無有少法，如來應正等覺現證無上正等菩提。」佛言：「善現！如是，如是，於中少法無有無得，故名無上正等菩提。」

「復次，善現！是法平等，於其中間無不平等，故名無上正等菩提，以無我性、無有情性、無命者性、無士夫性、無補特伽羅等性平等，故名無上正等菩提，一切善法無不現證，一切善法無不妙覺。善現！善法善法者，如來一切說為非法，是故如來說名善法善法。復次，善現！若善男子或善女人，集七寶聚量等三千大千世界其中所有妙高山王[13]（須彌山王），持用佈施，若善男子或善女人，於此般若波羅蜜多經中，乃至四句伽陀，受持、讀誦、究竟通利，及廣為他宣說、開示、如理作意。善現！前說福聚於此福聚，百分計之所不能及，如是千分，若百千分，若俱胝百千分，若俱胝那庾多百千分，若數分，若計分，若算分，若喻分，若鄔波尼殺曇分亦不能及。」

佛告善現：「於汝意云何？如來頗作是念：『我當度脫諸有情耶。』善現！汝今勿當作如是觀。何以故？善現！無少有情如來度者，善現！若有有情如來度者，如來即應有其我執、有有情執、有命者執、有士夫執、有補特伽羅等執。善現！我等執者，如來說為非執，故名我等執。而諸愚夫異生強有此執，善現！愚夫異生者，如來說為非生，故名愚夫異生。」

佛告善現：「於汝意云何？可以諸相具足觀如來不？」善現答言：「如我解佛所說義者，不應以諸相具足觀於如來。」

佛言：「善現！善哉，善哉，如是，如是，如汝所說，不應以諸相具足觀於如來。善現！若以諸相具足觀如來者，轉輪聖王應是如來，是故不應以諸相具足觀於如來，如是應以諸相非相觀於如來。」

爾時，世尊而說頌曰：「諸以色觀我，以音聲尋我，彼生履邪斷，不能當見我。應觀佛法性，即導師法身，法性非所識，故彼不能了。」

佛告善現：「於汝意云何？如來應正等覺以諸相具足，現證無上正等覺耶？善現！汝今勿當作如是觀。何以故？善現！如來應正等覺不以諸相具足，現證無上正等菩提。

復次，善現！如是發趣菩薩乘者，頗施設少法若壞若斷耶？善現！汝今勿當作如是觀，諸有發趣菩薩乘者，終不施設少法若壞若斷。

復次，善現！若善男子或善女人，以殑伽河沙等世界盛滿七寶，奉施如來應正等覺，若有菩薩於諸無我，無生法中獲得堪忍，由是因緣所生福聚甚多於彼。復次，善現！菩薩不應攝受福聚。」

具壽善現即白佛言：「世尊！云何菩薩不應攝受福聚？」佛言：「善現！所應攝受，不應攝受，是故說名所應攝受。

復次，善現！若有說言如來若去、若來、若住、若坐、若臥，是人不解我所說義。何以故？善現！言如來者即是真實，真如增語，都無所去，無所從來，故名如來、應、正等覺。

復次，善現！若善男子或善女人，乃至三千大千世界大地極微塵量等世界，即以如是無數世界，色相為量如極微聚。善現！於汝意云何？是極微聚寧為多不？」善現答言：「是極微聚甚多，世尊！甚多，善逝！何以故？世尊！若極微聚是實有者，佛不應說為極微聚，所以者何？如來說極微聚即為非聚，故名極微聚，如來說三千大千世界即非世界，故名三千大千世界。何以故？世尊！若世界是實有者即為一合執，如來說一合執即為非執，故名一合執。」

佛言：「善現！此一合執不可言說、不可戲論，然彼一切愚夫異生強執是法。何以故？善現！若作是言，如來宣說我見、有情見、命者見、士夫見、補特伽羅見、意生見、摩納婆見、作者見、受者見。於汝意云何？如是所說為正語不？」善現答言：「不也，世尊！不也，善逝！如是所說非為正語，所以者何？如來所說我見、有情見、命者見、士夫見、補特伽羅見、意生見、摩納婆見、作者見、受者見，即為非見，故名我見乃至受者見。」

佛告善現：「諸有發趣菩薩乘者，於一切法應如是知，應如是見，應如是信解，如是不住法想。何以故？善現！法想法想者，如來說為非想，是故如來說名法想法想。

復次，善現！若菩薩摩訶薩，以無量無數世界盛滿七寶，奉施如來、應、正等覺；若善男子或善女人，於此般若波羅蜜多經中，乃至四句伽陀，受持、讀誦、究竟通利、如理作意，及廣為他宣說、開示，由此因緣所生福聚，甚多於前無量無數，云何為他宣說、開示？如不為他宣說、開示，故名為他宣說、開示。」

爾時，世尊而說頌曰：

「諸和合所為，如星翳燈幻，
露泡夢電雲，應作如是觀。」
時，薄伽梵說是經已，尊者善現及諸苾芻、苾芻尼[14]、鄔波索迦[15]、鄔波斯迦[16]，並諸世間天、人、阿素洛、健達縛[17]等，聞薄伽梵所說經已，皆大歡喜，信受奉行。

【註釋】

1. 苾芻，一般譯為「比丘」。
2. 具壽善現，一般亦翻譯為「長老須菩提」。
3. 補特伽羅，泛指通常所說的「有情」、「眾生」，實指輾轉輪迴於六道的主體。
4. 尸羅，是「清涼」的梵文音譯，旁譯為「戒」；身口意三業之罪惡，使行人焚燒熱惱，而「戒」能消息其熱惱，故名清涼。
5. 伽陀，即「偈文」。
6. 預流者，又譯為「須陀洹」，是佛教中最初的修行位階，為聲聞乘四果位中的初果，由於參與了聖者的行列，所以稱為「預流」。

7. 一來者，又譯為「斯陀含」，聲聞乘四果位中的第二果，指的是最多只會在天界與人間再往返一次，就能夠在此後證得四果，解脫六道輪迴。

8. 不還者，又譯為「阿那含」，聲聞乘四果位中的第三果，證阿那含果的聖者，已經斷除欲界煩惱，不再染著欲界的五欲。死後將會離開欲界，上升色界或無色界，不再復還欲界，因此稱為「不還」。

9. 殑伽河，即印度「恆河」；「殑伽」是梵文音譯。

10. 阿素洛，即「阿修羅」。

11. 那庾多，計數單位之一。

12. 鄔波尼殺曇分，計數單位之一。

13. 妙高山王，即「須彌山王」；妙高山又名須彌山。

14. 苾芻尼，一般譯為「比丘尼」。

15. 鄔波索迦，一般譯為「優婆賽」。

16. 鄔波斯迦，一般譯為「優婆夷」。

17. 健達縛，又譯「乾闥婆」，八部眾之一，是一種聞香為食且身體散香味的樂神。

須菩提的眼淚

「金剛經九喻」聞法札記

奚淞

學習看清那依緣而生的一切事物——
如同星辰、如同你眼中的困惑；
如同一盞油燈、一個幻象；
如同露珠、或如同泡沫；
如同夢境、閃電，或如同一朵雲彩……

《金剛經》和《心經》是漢傳佛弟子的最愛，我也由此入門。美好的經文可以抄寫、讀誦、反覆鑽研。但空性甚深，有多少人能真正解悟「言語道斷、心行處滅」的般若空義？

據《六祖壇經》記載，當初五祖弘忍便是以《金剛經》密授惠能[1]，當他說到「應無

1 編註，亦作慧能。

所住而生其心」一句，惠能聞法當下便頓悟、明心見性，得到傳法衣缽。此後六祖宏揚佛法，開啟中國禪宗黃金時代。

《金剛經》文義玄密淵深，處處破相顯體，於現象中直指空性，顯示般若智慧而不失慈悲之用。就以「應無所住而生其心」一句經文而言，句中「應無所住」指空性勝義諦之體，而「生其心」則為大悲心世俗諦之用。如此空有不二、悲智雙運，佛法奧義盡在其中。「應無所住而生其心」，如此簡潔俐落、宛如金剛鑽石般的法語，也唯有夙慧兼修苦行的惠能，聞法即破闇生明、得以解開千古人生大惑。

初識《金剛經》尚在我作文藝青年時節。戰後一代出生者如我，心中總懷著莫名對生命的疑懼和不安，早早便接觸了佛法。當時讀《金剛經》只覺言辭恍惚迷離，不明其中理路，但也留下深刻印象：一是須菩提的眼淚；一是經末四句偈。

經文中，須菩提是向佛陀請法的主角。但見他「從座起，偏袒右肩、右膝著地，合掌恭敬……」由他請教修行人應當如何安住、如何降伏其心的問題啟始，引發全經一波覆蓋一波，宛如海潮洶湧般的師徒答問。當年初識《金剛經》的我，讀經文如臨深淵，為之目眩神搖。

不能懂，卻不願放棄，因為經文浩闊渾雄、宛如一闕交響詩，太美了。《金剛經》中段〈離相寂滅分第十四〉，就在師徒答問抵達高潮之際，我讀到「爾時，須菩提聞說是經，深解義趣，涕淚悲泣而白佛言：『稀有，世尊！佛說如是甚深經典，我從昔來所得慧眼，未曾得聞如是之經……。』」

這是佛陀十大弟子中，以「解空第一」著稱須菩提的眼淚啊！生命大疑，誰得破解？佛法深義，究竟何指？初涉《金剛經》的我，被須菩提的涕淚悲泣所震撼。他的淚光同時也照亮了後世學佛人如我的道途。

讀《金剛經》另一過目不忘的印象，便是結尾四句偈：「一切有為法，如夢幻泡影，如露亦如電，應作如是觀。」偈句自然天成，富文學性，令人喜愛。隨年歲增長，或吟詠、或以書法抄此四句贈予友人，彷彿越來越能體會浮生若夢的意境了。

間或想到《金剛經》云：「若有善男子、善女人發菩提心者，持於此經乃至四句偈等，受持讀誦、為人演說……」據經中說，這福報大過無量數世界珍寶所做布施！持唸四句偈竟有如此偉大效用？我不太明白。

堅如鑽石般的《金剛經》句義，當然金剛不壞；經本常住我書架，其奧義總在我似懂非懂間閃爍。數年前，法友美頤寄來一套達賴喇嘛開示《金剛經》的影音碟片。原來這是她曾親自赴會，二〇〇九年法王在印度達蘭沙拉講授《金剛經》的實況錄影。包括《修心七要》、《三主要道》在內的 DVD 碟片總共四張、長達七個半小時！作為達賴喇嘛忠實追隨者，我不免要正襟危坐在電視屏幕前、認真聽法。

達賴喇嘛嚴謹的說法，令我想起他常說：「西藏佛法，即是那爛陀學院的佛法。」遙想古印度王舍城萬人聚集的那爛陀學院何等盛大，而達賴喇嘛條分縷析地引述各派法門，就好像把整座那爛陀的科系都井然有序地安置在心中了。仰之彌高、鑽之彌堅，我只有敬佩的份。

DVD碟片中法王以藏文開示，同步譯現中文。我耳聞藏音，眼逐字幕；雖然法王音容和悅、宛若拂面春風，我卻睡眼迷離、頭腦沉重起來了。

驚醒我的，確實是法王講到四句偈。我見字幕——怎麼？四句偈不是：「如夢幻泡影……」，卻成了「如星翳燈幻，露泡夢電雲……」長年以來，我只把鳩摩羅什的《金剛經》譯本當聖經，完全忽略了歷史上還有其他譯本存在。聽達賴喇嘛開示，才察覺藏傳譯本，光是四句偈就有偌大出入，竟然顛覆了我原有的記憶和思考，且比對一下：

「一切有為法，如夢幻泡影，如露亦如電，應作如是觀。」——鳩摩羅什譯《金剛般若波羅蜜經》

「如星翳燈幻，露泡夢電雲；一切有為法，應作如是觀。」——藏譯本《聖般若波羅蜜多能斷金剛大乘經》

羅什譯本四句偈共使用「夢、幻、泡影、露、電」五個意象。由於譯文優美流暢，讀者往往不察個別譬喻涵意，唯享受一份文學情懷。

至於藏傳譯本四句偈，則分明呈現九重譬喻：「星、翳、燈、幻、露、泡、夢、電、雲。」法王侃侃而談，原來此九喻竟然是從不同角度切入、剖析緣起空性的九則象徵。或竟可以說，此九喻就像一串鑰匙，可以破妄顯真、一重重啟開《金剛經》神秘的般若之門。

聞法至此，我完全清醒過來。趕緊抓筆、取筆記本，將碟片頻頻倒轉，聽寫達賴喇嘛逐項解說九喻。我一邊記錄、一邊湧起欲淚感動：「啊，稀有啊，法王！此生學佛以來，不曾聽過如此精采的《金剛經》開示。」此刻，我明白須菩提的眼淚了。

那年聽完達賴喇嘛講《金剛經》。某日晨間運動，經過社區角落，偶然拾得一張棄置的海景小畫。畫中迹近抽象、狂恣，描繪礁岩浪花的筆觸吸引了我。拾畫回家，趁興把一份聆《金剛經》的心得，用毛筆題在畫上。我不只寫下四句偈，更以小字把九喻精要縮記框邊，以免他日忘失。字句如下：

星者，世俗、勝義二重觀；翳者，視障；燈者，緣起合成；幻者，苦樂得失宛然；露者，無常；泡者，皆屬苦性；夢者，過去；電者，現在；雲者，未來。

拾畫、題偈，把小畫掛在工作室牆上，不覺已是三年前的事。對愛好佛法的我而言，人生秘密也就涵藏在《金剛經》九喻之中。我學佛心得如下：

題寫涵藏人生秘密的《金剛經》九喻海景小畫，伴我朝暮晨昏。

一、星，君不見夜間漫天繁星，白日晴空中卻一無蹤跡；究竟有星、無星？原來一切非有非無、亦有亦無，是相互依存、緣起空性的……

二、翳，活在世間，於世俗諦中何以看不出空性的勝義諦呢？那就像雙目視線受阻，即便是一小片薄翳，也能障蔽眼前大山……

三、燈，一盞油燈燃亮，然後熄滅了，這由油、芯、盞等合成的物件的實存性何在？

那麼，五蘊合成的人又如何呢？……

四、幻，《雜阿含經》中佛說：「觀色如聚沫，受如水上泡，想如春時燄，諸行如芭蕉，諸識法如幻。」縱使人生是幻，卻也苦樂宛然、因果不爽……

五、露，詩人白居易感嘆生命非花非霧，剎那消逝宛如草頭朝露，便就是佛陀一再提醒的「無常觀」了罷……

六、泡，世間一切顯相，皆如沫聚水泡，共屬無可執持的苦性……

七、夢，無論人如何追憶過往，總如夢般無實。《中阿含經》「跋地羅帝偈」云：「慎勿念過去，亦勿願未來；過去事已滅，未來復未至。現在所有法，彼亦當為思；念無有堅強，慧者覺如是。」……

八、電，說到現在。電光石火般的「現在」在哪裡？五世紀覺音尊者於《清淨道論》中道：「人命在一念間，譬如馬車行動時，只在輪上一點著力；停止之時，亦在一點上著力。人命亦然，唯有一念之長，一念盡則命盡。」……

九、雲，因緣還演，一如春雲聚散？未來是晴、是雨？人生吉凶苦樂難卜，恰似《金剛經》中世尊向須菩提提醒：「過去心不可得、現在心不可得、未來心不可得。」

題寫《金剛經》九喻的海景小畫常在眼前，伴我朝暮晨昏。畫裡浪花飛濺，一波接一波，衝激礁岩，彷彿天地間發出眾聲合誦經文的渾雄音響。且看海涯極處，一個微小身影兀坐岩上，獨對海天蒼茫，他是誰？

人啊人，生從何來、歿往何去？世界一切現象，豈非如同星、翳、燈、幻、露、泡、夢、電、雲……

但願世間佛子皆得體證微妙甚深《金剛經》法義，悲智雙運，親證心性光明。我虔心合十祝福。

〈緣起與感謝〉

願心中深藏的「鑽石」明光乍現

《金剛經》是與華人因緣最深的佛經之一，與《心經》並列為華人最常抄寫、諷誦、助印、聞思修的佛說經典。經中有許多耳熟能詳的名句：「應無所住而生其心」、「過去心不可得，現在心不可得，未來心不可得」、「若以色見我，以音聲求我，是人行邪道，不能見如來」、「一切有為法，如夢幻泡影」、「法尚應捨，何況非法？」，流傳之廣，早已跨越宗教界域，成為華人共同語彙的一部分。自六祖惠能大師以來，《金剛經》隨著禪宗教法流傳益廣，從早期的禪宗傳承象徵，如今更幾乎是人手一冊。

《金剛經》有六種漢傳譯本，包括鳩摩羅什、玄奘、義淨等大譯師皆有譯本，目前華人世界流通的版本主要是鳩摩羅什譯本。緣於佛陀親自命名，各譯本之經名雖然略有不同，卻共同以「金剛」為主。唯經文中並未曾直接明言以金剛為名的理由，歷來釋經者皆以取其「閃電」、「鑽石」之象徵，英文則通譯為「The Diamond Sutra」，標舉般若智慧斷除種種煩惱的光明和力量，正如藏傳譯本經名作《聖般若波羅蜜多能斷金剛大乘經》之意。經近現代的學術比較研究，漢傳譯本以玄奘大師之譯本與藏傳較為接近。

本書緣起為尊者達賴喇嘛二〇〇九年在印度達蘭沙拉，為《金剛經》所作的開示，由法王譯者佛子格西現場藏譯中。參酌譯本以藏英譯文為底本，由呂家茵小姐英譯中，再對照原藏文內容審譯而得。為求慎重，佛子格西主持的「班智達翻譯小組」將尊者藏文開示錄音全部重新聽打，小組譯師並逐字重譯，正確性就以這份藏文逐字重譯稿為準。

全書釋論共有十二章，分兩大部：「見林篇」宏觀介紹《金剛經》內外因緣，「見樹篇」微觀深入《金剛經》經文義理。尊者依一位蒙古論師《金剛經》釋論為底本，巧喻善說，博引世界宗教的內涵，旁徵各種論典，在立說破斥之間直指人心。本書雖是一時應緣解經，卻有歷久而彌新的價值，值得典藏供養，好好加以聞思修。

《金剛經》本來就是一部很美的經典，佛經本身的智慧字句本來就美不勝收，鳩摩羅什中譯版也是公認傳世譯筆最優美的版本。本書前並附錄有法友珍愛的弘一法師手書《金剛經》，封面也特別請到書法名家奚淞老師題字，奚淞老師更為我們執筆寫下推薦序〈須菩提的眼淚〉——這些點點滴滴的增益，都讓這部本來就很美的經典更美了。

本書能夠付印，首先要感謝尊者以當代藏傳佛法領導人之尊，給予慈悲智慧的講經開示，法王厚實甚深的經論背景和實修經驗，讓這部《金剛經》煥發驚人的甚深光采，令人嘆為觀止，希望七月出版的這部講經集，成為呈獻給尊者八十一大壽的致敬禮。也要感謝法王專任譯師之一的佛子格西，為這本書的審定投注的時間心力。還要感謝連結起這一切善妙因緣的何美頤師姊，緣於她向眾生文化介紹這本書，並代向秘書長才嘉請求授權，才有這本書圓滿付印利眾的因緣。

《金剛經》是佛陀二轉法輪時宣說般若空性的代表經典，想讀通它，本來就不容易。因此我們結合英譯版比較白話口語的表達，和藏譯版忠實精確的可信度，試著在正確性和好讀易解之間找到平衡點，願法友能藉此從尊者的開示中，一窺《金剛經》的堂奧，得見自心本性，那顆最珍貴的鑽石。

願以此功德，迴向尊者長壽住世，法輪常轉！迴向一切有情皆發菩提心，證得《金剛經》中「度脫到彼岸」的般若智，解脫自在！

眾生文化 合十敬啟

第一卷　**見林篇**

《金剛經》內外因緣

《金剛經》這顆佛經的鑽石，
應該放在什麼樣背景下解讀？

讀經之前，
尊者先帶我們宏觀內外因緣，
從外在的宗教脈絡，到內在的思想架構，
擴大視野，拉開縱深，完整觀照《金剛經》。

第一章

我思，故「我」不在？

「我」是什麼？它有起點嗎？有終點嗎？
所有信仰都想解決這三個問題。

在這個地球上，有六十億人口。我們可以大略將這六十億人分成三種人：
第一種對信仰有「好感」：就是有信仰的人，或者可以稱他們為教徒、信徒；
第二種對信仰很「反感」；這種人完全反對宗教；
第三種對信仰很「無感」：這種人則對宗教沒什麼興趣，不討厭也不喜歡，不那麼強烈抗拒信仰，但也不太熱衷相信任何一種宗教。

有信仰，讓你更快樂

我們這地球上，就有著這三種不同類型的人；然而，這三種不同的人之間卻存在著一項共通點——所有的人都希望遠離痛苦、得到快樂；他們也一直有著一種共同的追尋：尋找著某些可以獲得快樂、解脫痛苦的辦法。這麼說來，這三者之間，到底又有什麼不同？

基本上，第一類的信仰者尋求以心靈思維為基礎，去獲得這種快樂以及遠離痛苦。他們試著淨化自己的心，為了離苦得樂，致力於平靜自己的心。

而另外兩種類型的人，他們本質上都是物質主義者，崇尚唯物，或是追求著遠離生理痛苦、生病或饑渴等等，希望獲得屬於身體層次或者感官上的愉悅；純粹在食物、衣物與名聲這些層面獲得快樂的感受，相信金錢能夠讓自己獲得快樂。他們是以這樣的方式，追求離苦得樂。

以上第一大類就是有信仰的人，第二大類是沒有信仰的人，其中還可以再進一步區分成「反感」和「無感」兩類。

當今的世界，物質上的進步大到令人難以置信；然而，這些仍然不足以為人類帶來真實的快樂幸福，我們仍看到人們在心靈上明顯受苦。因此，一個新的發展正在發生：不管信不信教，這個新的發展是，每一個人，都在嘗試尋找一種真實的心靈快樂與和平。

所以，就前面歸類的三群人來說，當我們嘗試再次比較擁有信仰者與反對信仰者，就他們的心靈快樂來看的話，發現全然反對宗教信仰的人，比較不尊重真理與誠實等美德；而對於有宗教信仰的人來說，無論是否能夠實踐，至少會自然而然的重視正義與誠實等道德。

所以，總體來說，沒有宗教信仰的人，因為對誠實之類的美德相對不重視，所以似乎有較多貪著、瞋恨之類的負面情緒；而有宗教信仰的人，就對於保持心理狀態健康這一點來說，是比較有好處的。

別只是「照單全收，找個靠山」

不過，如果你是一位有宗教信仰的人，而信仰宗教的原因只是基於「那是一種傳統」的話，則並不是什麼好事。

宗教必須是在人們思維了接受宗教信仰的好處，以及不認同宗教信仰產生的壞處後，加以接受或嚴肅面對的決定。所謂的宗教信仰需要這樣的次序。不然，將宗教信仰視為風俗習慣，這樣的話，就不會有人特意去思維它，到最後漸漸的變成傳統儀式。

在這個世界上很多信仰都停留在這樣的層次裡面，許多祭祀神鬼的宗教也包括在裡面，這些宗教大部分都沒有特殊的見解。

是生命信念，不是鬼神迷信

然而，在距今大約三千多年前的印度，宗教是隨著哲理演進的。根據目前已有的文獻，最早出現在印度的教派，是大約在三千多年前，集結成印度哲學的數論派（the Samkhyas）[1]。然後，到了兩千六百年以前，佛教出現，大約與耆那教（Jainism）[2]同期。之後，在印度還有錫克教。

西方最早的宗教，則應該是猶太教，起源相當早；接著是基督教（Christianity）與伊斯蘭教（Islam）。此外，還有帕西人[3]所信仰的瑣羅亞斯德教（Zoroastrianism）、也就是祆教，或者稱為拜火教，是起源於伊朗、後來隨著波斯移民來到印度的孟買扎根。所以這一些宗教，屬於相當早期的宗教。

關於「我」，三個大哉問

以上所提到的這些宗教信仰，都是具有哲理的。總結來說，我們可以將它們分成這兩類：有神論

1 編註：數論派，Samkhyas 本來就是數字的意思。是古印度哲學中重要的一支，以二元論為核心思想。簡單來說，它的宇宙觀認為世界的構成是由神和本質產生的。

2 編註：耆那教，是與佛教差不多同時期在印度發展的宗教，創教者為大雄（前 599- 前 527）。

3 編註：帕西就是波斯的意思。他們是大約一千多年前移居印度的波斯人，信仰瑣羅亞斯德教，有別於後來信仰伊斯蘭教的波斯人。

與無神論。[4]

屬於無神論一類的宗教，有佛教、耆那教以及一部分的數論派。在這些宗教中，除了「五蘊不等於自我」和「不主張有造物主」的基本觀點，還有些看法上的差異，有些人主張：在這個五蘊組合的身體以外，還有一個「恆常、單一、自主」的「常我」；而另一派則持相反看法，並不主張有「常我」。

另外一種分類方式，世間所有宗教對於「我」的看法，可以分成兩種：

一、主張在五蘊組合的身體以外，有個「我」存在；

二、不主張五蘊組合的身體以外，有個「我」存在。

世間宗教只有佛教主張「無我」，其他的宗教都主張五蘊組合的身體以外還有個「我」。這個「我」，英語叫作靈魂（Soul），印度語叫作「本我」或「常我」（Atman）。

接著，關於「我」這個主題，就有三個問題要提出：

一、什麼是「我」、或者「我」的本質？

二、這個「我」有沒有一個開始？

三、這個「我」有沒有結束的時候？

所有的宗教信仰，都在試著回答、想要提供人們關於這三個問題的答案。至於佛教，當我們談到第一個問題，就是什麼是「我」的這個問題，所有的宗教信仰都肯定有個「我」存在的，唯獨佛教對

4 編註：此處「無神論」指的是，不主張有個創造世界的造物主。

於這個問題的答案，是否定的——沒有「我」！

第一問：「我」是什麼？

現在的問題是，「我」指的究竟是什麼？

這個討論的基礎，是佛教認為不存在、但其他宗教相信存在的這個「我」，究竟是什麼？這個「我」，並不是我們在世俗真實、相對真理中說的你、我那個「我」，誰也不會說這個「我」是不存在的。

被佛教否定、但是被其他宗教所接受的這個「我」，認為有一個「我」存在的宗教，都主張它有三個特質：

一、它是恆常的；

二、它是單一的；

三、它是自主（或說獨立）的。

相信有一個由上述三種特質所彰顯的「我」存在的那些宗教，它們相信「我」存在的理由，是將心與身體視為一種擁有、可供使用的實體，身心是屬於這個「我」所有、或是被「我」所使用著。

其他宗教，因為發現很難在身體和心靈的基礎上主張有一個「我」，因此，他們轉而相信有個不同的「我」，存在於人的身體與心靈之外。

唯獨佛教，認為雖然「我」主宰著身體與心智，但是這個「我」，並不具備前面說過的恆常、單一、自主等三項特徵。

第二問：「我」從哪裡來？

接下來看第二個問題：這個「我」有沒有開始？

造物主創造了「我」？

所有有神論的宗教，都相信「我」是有起源的，而且，當造物者，也就是上帝，創造了世間這個「我」、或是稱為人的時刻，就是「我」的起源。

比如說，在基督教的教義裡，即使是現在這個生命，都是上帝創造給我們的。在我們於母親子宮裡受孕的那一刻開始，這個「我」就已經形成。這是基督教對於「我」是有起始的說法。

在其他印度教的傳承中，也有類似的看法。比如大梵天（the Maha Brahma）的信仰者相信，是這位創造神創造了這些「我」。他們接受創造的觀念，而且相信大梵天就是創造者；他們也相信業的作用力，以及輪迴而形成的後世生命。根據這個系統，當大梵天創造了人類，或是這些眾生時，「我」已經開始存在。

依據數論派的傳統，有所謂的廿五所知，其中之一，是被認定為恆常的第一諦——造物主，以及第二諦——「我」。這兩者，被視為究竟的事實，也就是勝義諦。至於裸形派的看法如何，就不得而知了。

一般的有神論都認為自從造物主創造了「我」，「我」就有了起始點。這些同屬有神論的不同宗教體系，都相信「我」存在著起源。然而，如果我們對佛教提出這個問題，佛教的回答會是——既然沒有一個如此獨立於身體與心之外的「我」，「我」就只是一個建構、以身體與心為基礎的一個心靈建構。

為了解答這個問題，關於「我」，這個以身體與心為基礎的假名安立，是不是有起源的問題，我們必須先解決另一個問題——構成「我」的身體與心，是不是以有為起源？

「我」來自宇宙的小粒子？

為了回答「我」有沒起源的問題，因為「我」是以身體與心為基礎的假名安立，所以我們得探討身體是不是有個起源，以及身體是不是以心為起源，如果身體以心為起源，那心有沒有一個起源。我們可以從身和心兩個層次來思考這個問題：

首先，我們來看看：身體有沒有起源？

說到人身，很多人一定會說當然啦，我們肉眼都可以看到這個身體是有起點的。但我們仔細看看是這樣嗎？

從組成身體的最微細成分「身微塵」的部分來看，給身體找個源頭似乎很困難。如果追溯我們這人身的源頭，那麼，從這世界剛形成就應該有一個微塵，而且應該是上個世界末日之後遺留下來的。當我們嘗試探究人身更細微的組成，比如粒子、原子之類的微粒子等等，就是經論中所說的「微塵」，在那個層次，要斷言一個起源是困難的，因為包括原子在內，這些構成我們身體的粒子，在受孕時已經存在；在這個宇宙開始演進時，它們就已經存在。

在時輪金剛的體系中，有著人們所熟知的空間粒子或稱「虛空微塵」。《時輪續》中提到，宇宙經歷著成、住、壞、空等階段，在「空」的階段，這段時空的接續中，一種叫虛空的微塵，因各種緣而有了這世界的成與住。所以，這些構成我們身體的粒子，原來來自這個世界形成時，就已經存在的粒子。

在世界形成時便已經存在的這些粒子，也被認為是來自這個宇宙經歷「空」的階段，就已經出現的空間粒子。由於因果，從這個「空」的階段，又演化成各種不同的世界而存在。許多世界形成、維持、然後再度壞滅。許多顯密經典中也記載了上一個器世間毀滅之後，有空一劫、成一劫、住一劫、壞一劫，再有滅劫、成劫，以經典記載來看，是有這樣的輪迴啊！在顯經密續中都曾提到，從這個「空」

的階段開始產生或是聚集了這些粒子，而形成這些世界；在維持一段時間之後，再度毀滅、或是被毀滅。因此在微粒子的層次，我們可以說自己的身體，是沒有一個開端可言的。

「我」從心中來？

接著，我們來探究第二個層面：「心」有沒有一個起源。

如果說「我」是建立在身和心兩項基礎上，顯然心更重要，因為身體要有情感知覺才算是個人，否則只是個物質性的存在，所以安立「人」或「我」這個名稱，一定要依靠有「知覺的相續」，我們不可能給一個不具備情感的「微塵的聚合」（原子、粒子的組合體），安立一個「我」的名字。這樣我們就要思考「知覺的相續」、就是這個「心」是否有源頭。

所以我們要回過頭思考：如果（就身的形成過程來說，）組成物質性「近取因」的微塵、最小元素，它會從前一微塵轉變成後一微塵，很難說它有一個最初的近取因，或者說起源；（心的）知覺也是一樣的。只要是事物都是受控於因，而近取因會轉變為果，事物能生起，就是因為那個能生因的特質，加上一些能幫助生起的「俱生緣」[5]。

5 編註：攝類學主張，事物生起要有近取因（主要的因，直接能生）和俱生緣（輔助的緣，間接能生）和合。近取因的性相：自近取果成為自類續流的主要能生；俱生緣性相：自俱生果成為非自類續流的主要能生。舉例而言，今生的我「近取因」是前世的我，俱生緣是父母和業煩惱等。

如果要思考知覺是否有源頭，就要思考它的「近取因」是否有源頭。如果要說知覺有個源頭，就要說：知覺具有「明而了知」性質，這個果，是由不具備情感的因而生，或者由無因而生，或由常而生——這樣就不合理了。

如果以前能生，現在應該也可以，這樣一來，能思考、有知覺的心這個續流，必須有前生的近取因，如果沒有前生的近取因，任何一種事物都很難生起。（這樣往前推，是找不到一個最初的心和它的近取因的），因為無法找到「心之續流」的源頭，所以，以心與身二者當中的心為主要基礎的「我」，是沒有源頭的。

所以，當我們以佛教的觀點，回答「我」是不是有一個起點這個問題，因為構成假立「我」的首要基礎的「心」並沒有起點，這個「我」也應該是沒有起源的。

第三問：「我」往哪裡去？

接下來，我們討論第三個問題：「我」到底有沒有一個終點？

願天堂之我無盡，願地獄之我止息

有神論的宗教，例如在基督教的教義中，提到人死後會面臨最後的審判。這個最終審判，將決定你會上天堂、與上帝相聚，並且從此過著幸福快樂的生活，或是要墮入地獄。如果這個「我」繼續投生在上帝的天堂，到底會住在哪裡我不太清楚，那有個「我」當然很好，如果就此消失，看起來就沒什麼好處了；但相反的，如果你被歸類成要下地獄那一類，一想到接下來要到地獄裡、並且要這麼一直待著，這時候，讓自己消失，應該還要來得好一些。主張有一位創世主、上帝的人士，所講的那個會上天堂、會下地獄的「我」，是指平時體驗快樂和痛苦的那個「我」，會有個終點。

無餘涅槃時，心續會中斷？

然而，從佛教的觀點來回答這個問題，曾經有過相當廣泛的討論。在佛教的四個不同學派[6]中，第一個是「說一切有部」的毗婆沙宗（Vaipashika），一部分的毗婆沙宗認為「心」是會結束的。在證得所謂的無餘涅槃[7]時，心的相續也會止息。這是有別於其他佛教學派所抱持「心沒有結束」的看法。

6 編註：這四個學派，傳統又稱「四部宗義」，指有部（或說一切有部）、經部、唯識和中觀。

7 編註：無餘涅槃，指阿羅漢死時所證的涅槃，因為五蘊已完全捨棄，不受後有。在《巴利三藏》註疏裡也被稱為「諸蘊之滅盡」。

在果芒寺的課本中，好像有「佛教宗義不允許心續間斷」的說法。如果有，我會這樣開玩笑地說：龍樹菩薩的《六十正理論》反駁說，證得無餘涅槃時，心續如果間斷，就不能證得無餘涅槃；得無餘涅槃時，就沒有「現證無餘涅槃的補特伽羅（人）」。如果這樣的話，那龍樹菩薩等於沒有破斥的對象。但如果心續不間斷，補特伽羅就沒有無餘涅槃可證了，那豈不是成了補特伽羅無法現證無餘涅槃的依據嗎？——那麼龍樹菩薩這個說法，就成了無法了結的辯論。

客塵暫時染污，覺知無盡清明

一般而言，除了一些「分別說一切有部」行者說，現證無餘涅槃時心續有間斷。此外，佛教中沒有宣說心續會間斷。不同於這一小部分毗婆沙宗的觀點，其他的佛教宗派相信心相續，「心」會以只是明光的形式，無止盡地相續。

在覺知中，如無明、無知、顛倒分別這些特殊的心理狀態，都可以加以對治。不顛倒的覺知可以對治顛倒分別，因此可以破除心的垢染。清明覺知的本質是沒有污染的，因此可以對治垢染，如表面塵埃般的心之垢染可以淨除，但那暫時被污染的基礎：心，不受影響，心續也不會間斷。

有另一種不屬於佛教的外道伺察派(choepapa，或稱 javaka)，認為「心」與「心」的污垢都是「心」的原有自性。當這些「心」的污垢被摧毀了，「心」也就跟著被毀滅了。所以，從這個觀點來看的話，心的相續，是有結束的。

但佛教不認為是這樣的。佛教的看法，是「心的污垢」都是「心」的暫時現象，它們並不是「心」的原有自性。煩惱、心靈的污垢與無明等這些問題，都有對治法，強有力地使它們停止。被污染的基礎「心的清明體性」，和「因能染污的愚癡塵而生的塵垢」是迥異的，心的表面塵垢因為具有有力的對治，所以是有盡頭的；而顯相上乍看似乎被所污染的清明覺知，因為本質是清淨的，就能長存，所以覺知是沒有究竟盡頭的，覺知的續流是無邊的，「依覺知的續流而安立的人（補特伽羅）」，也是沒有盡頭的，這就是佛家經典中的說法。

佛沒有終點

如果依照大乘經典所說，我們所有「具有情感的相續」（也就是心）當中，都有如來藏（tathagatagarbha），這是一切有情都具備的本質，正因這個被認知為佛性的潛力，一切有情，在某個時間點，都將獲得證悟，最後都會成為勝者佛陀。一旦你證悟、或是成佛了，將永遠保持身為佛的狀態。因為每位有情都將在某個時間點成佛、並且保持在身為佛的狀態。我們最究竟的目標是無上佛果，直至虛空盡都會存在，而不會消失，佛家就是這樣主張的。

第二章

兩種蝴蝶效應

心法、情世間形成與消融的過程，和色法、器世間的過程，大致是一樣的。

佛教的宇宙觀

在佛教的密續經典中，也提到了世界如何生成、如何毀滅。

器世間：五大元素生與死

佛經中講過，這個「無心塵聚」（沒有心識的微塵組合）的器世間，它的成、住與壞滅，密續經典中說是由地、水、風、火、空五大元素（傳統又稱五大種）所組成和壞滅的。其中的「空」，不只是「空」在傳統性相中「沒有滯礙」的定義，而是指「虛空塵」，我們應這樣思維比較恰當。五大元素後一項各比前一項更為微細，毀滅時是從粗到細，形成時則是從細到粗。壞滅時從地、水、火、風到空；而形成時，則是反過來從空、風、火、水到地這樣的順序。所以這裡說的空，不只是指「虛空」的遮除滯礙之分，還包括了虛空中的微粒「虛空塵」，否則如何解釋「空生風」[1]這樣的說法？

所以，我們必須以微塵這個角度去思考，由於微塵間非常強烈的碰撞作用，產生了風元素；然後因為這些風元素之間相互作用，產生了更粗的火元素，接著是水元素、地元素。其中，水元素具有凝聚力，能夠滲透物體和地元素。眾多水元素作用後，產生了更堅實的形式，稍後變成了地元素。所以，我們需要以適當的角度思考這些演變以及反演變；以適當的方式思維世界的形成，以及它毀滅時的反向演變。

當微塵尚未混合的時候，彼此無法產生能力，乃至漸次的循環。但當一個虛空微塵碰到另一個時就會產生風的能力，由此微塵不斷地循環而愈來愈猛。有風微塵的動力就會有暖，而後產生火；由火

1 編註：空生風，指前述五大種由細而粗次第相生的情形：「空生風，風生火，火生水，水生地」。

微塵而產生濕潤，於是有了水微塵；在水微塵上，又會產生一種堅固的大種，就是地——這就是「無心塵聚法」（沒有心識的微塵組成的現象界）形成的過程。

情世間：六大元素與內虛空

現在，我們要來思考，外在世界這些堅實的物體，包括我們的身體，如何與有感受的心產生連繫？說到一個與心有所連繫、有感受的事物時，就要說到另外一個元素：心識，傳統上稱為「識大」或「識大種」這個在五大種之外的元素。無上瑜伽密續中提到了一種極細微的意識，也稱為「識虛空」，這裡不是指「無觸礙」的虛空，而是一種知覺分類；而心，或意識的最細微層次，被認為是內虛空。

要體驗這種最細微的意識，你不會以「某件事物是客體、而你自己為主體」地感受到那個意識，主、客體的概念在這裡是完全消失的。你所擁有的感覺，就像是一種完全的真空，但並不是真正的空無一物，只是一種感覺的真空、感覺像虛空那樣的，所以被形容為「內虛空」如果對虛空作更細微的分類，可分為：第一空、第二空、第三空、第四空。[2]

心法、情世間形成與消融的過程，和色法、器世間的過程，大致是一樣的。

回到關於人的討論，一個有心識的人，首先是體驗這顆心最細微的體驗，被稱為第四層次的「空」

2 編註：這四種空，由粗而細是指：顯相心、增相心、得相心、最微細的明光心。

的這種狀態，然後漸漸變得更為粗重，成為第三、第二、第一層次。從這第一種心的「空」之體驗，然後到較粗重層次的心的發生，也就是所謂的「八十種自性分別心」[3]。從這裡，業力開始產生作用。接著，四大元素風、火、水、地等元素產生。之後，等到「壞」的階段來臨，上述的演變會以反向次序再次發生：地大分先消失，而後是水界，再來是火大、風大，再來是「八十種分別心」息滅，接下來以順序顯現四空。現代的宇宙學家告訴我們的宇宙演化理論，與以上解釋的觀點，是非常一致的。

藏傳佛法的思想背景

所以我們知道，在這個地球上，有著許多不同的宗教信仰；在人類之間，我們也看見各種不同的心靈特質與興趣。這些不同的宗教信仰，著實利益了地球上有著不同興趣與特質的人們。

3 編註：八十種分別心，是指八十種微細的思想意識。無上密續說心識分為粗糙、微細、極微細三層次，粗糙者包括五種感官根識；微細和極微細是思想意識，都存在粗糙意識中。這微細的思想意識，分為強中弱三種，強的有三十三種，中的有四十種，細的有七種，共八十種。臨終中陰「外銷融」階段四大次第銷融後；空大開始融入識大，即進入「內銷融」階段，八十種分別心次第消融，心的三個微細層次「明（顯）相、增相、得相」依次顯現。空性禪修亦可體驗如是境界。

佛依根器與意願，宣說八萬四千法

就佛教的觀點，是世尊釋迦牟尼佛這位大家共同的老師，針對不同性格、性質的人的心理狀態，傳授了不同類型的見解。所以，如果這是由同一位老師，授予各式各樣的教導；那麼，為什麼不能由不同的老師，以不同的方式，對地球上有著不同心性的人類因材施教呢？

就這樣，很多宗教都是依信眾的根器和意願，有不同的指引方式，其利益是顯而易見的。譬如，佛陀薄伽梵的追隨者有根器與意願的不同，薄伽梵建立真實性的見地也是多元的，所以，依所化根器與意願的不同，一樣的佛陀要有不一樣的指引方式。就好比這個世界的不同時代，依人的根器和意願的多元化，各個創教者所說的教法都有利益，這是很明顯的。

所以，我們看到了佛教以外的其他宗教傳統，也深遠利益了許許多多的人類。因此，對於所有的宗教信仰，我們都應該有所尊重。這一點，是非常重要的。

但是，就信仰這件事來說，能對個人的宗教保持信念，這是好的。提到不同的宗教時，最好的情況，是每個人保留自己的傳統信仰。如果你是基督徒，或是回教徒，堅守自己的傳統信仰，也就是基督教或回教，是比較好的。同樣地，身為佛教徒，固守自己的傳統信仰，也是比較好的。

在這裡，我們要給予的教法，是佛教。

佛教基本上有兩種：一支是依止巴利文記載的佛說經典而修持，另一支則是依止梵文經典[4]。以梵文流傳的教法，首先由印度開始，在中國興盛，然後才傳入西藏發展。所以，從這一點來說，在場的華人聽眾、中國佛教徒，跟西藏佛教徒相比，算是資深的佛弟子了。

所以，我們西藏的佛教比較資淺。由於漢傳佛教是較資深的，在為華人信眾授課時，對於華人佛弟子身為釋迦牟尼佛比較資深的學生這件事，我總是先表達自己的謙卑或對你們的敬意。今天也是如此。為了你們身為比西藏佛教徒更資深的佛陀弟子這件事，我也要向你們表達我的謙卑與敬意。

藏傳思想主流一：中觀見

至於對佛陀教法的理解，我還不算太差。我這麼說，是因為使佛教得以在西藏繁衍、弘揚的唯一人物，是出自那爛陀大學的偉大學者靜命論師，大師的專長是中觀和量理（因明邏輯）。靜命論師之後在藏傳佛教就被稱為「中觀釋量無畏獅子」[5]。意思是：結合中觀和釋量論，就可以得到無畏的辯才，不動搖的智慧，就會像寂護大師一樣成為無畏的人中獅子。

4 編註：依巴利文經典修習的傳承，又稱南傳佛教；依梵文經典修習的傳承，又稱北傳佛教。

5 審譯註：藏文原文為「中觀因明二獅交頸」，意思是結合中觀的見地和釋量論的因明邏輯，就可以得到無礙的辯才，和不動搖的智慧，就像兩隻獅子相對而坐，可以照看到對方視野不及的背面，沒有死角、堅不可摧，就像「二獅交頸」的靜命論師一樣。

因此，在研習佛教的空性哲學或是中觀思想時，結合對量理的學習，是非常重要的事。同步修學中觀和釋量論，是藏傳佛學主要的見地背景。因為靜命大師是位偉大的中觀、釋量論阿闍黎，他的弟子蓮花戒論師也精通中觀、釋量論，藏傳佛教是由他們師徒傳入的，藏地雖有其他修學的論典，但主要是以中觀與量理結合的傳承來修學佛法。這對佛教在西藏發展，是非常有利的。

藏傳思想主流二：般若智

中國佛教徒、韓國佛教徒、日本佛教徒、以及越南、西藏、蒙古與外蒙的佛教徒，都是以梵文傳承的這支佛教的擁護者。他們都念誦《般若心經》、並以修學《大般若經》，這些般若系列的經典為佛教的主題與精髓。關於這一點，我們將在下一章詳述。

第三章 般若，既是彼岸也是船

三世諸佛都是靠「般若波羅蜜多」而成佛，問題是，它是什麼？怎麼獲得？

般若：真實圓滿的智慧

《心經》說：「三世諸佛，依般若波羅蜜多故，得阿耨多羅三藐三菩提。」三世一切佛，都是依般若波羅蜜多證得無上正等正覺，獲得無上佛果。就是說，過去的佛、現在的佛、未來要成就的佛，都是靠般若波羅蜜多而得到佛果。

所謂般若波羅蜜多的般若指的是智慧，就是我們平常觀察對境之後所得的定解，生起的智慧。如此的智慧有兩種所行境：顯相與本質。

真實有兩種：表面的與細微的

要理解這一點，我們需要明白「真實」（傳統稱為「諦」，就是指「真理」）是什麼？真實由兩個部分組成：一種只是表面層次的展現（世俗諦）；另一種，是更深層的一種真實（勝義諦）。即使眾生希望擁有快樂，不想要受苦，然而這是無法認清什麼原因導致自己受苦、什麼原因導致快樂所造成的。從這裡，我們看到了自己缺乏理解真實的能力，這便是使得眾生累積業或行為，導致自己受苦的無明。

所以，是無明造成那樣的情況。這無明，讓人對真實產生了錯誤的見解。關於這個部分，也分成兩種情況——誤解表面顯現的真實，以及誤解更細微的真實。

所以，佛陀在講授「十二緣起」見時，教導我們兩種無明：第一種無明，是使人誤解了究竟真實（勝義諦）的無明；第二種無明，讓人誤解業果法則（世俗諦）。屬於更細微層次、令人誤解究竟真實的第一種無明，引發了讓人誤解因果法則，較為粗重的第二種無明，因此而造惡業，然後陸陸續續的產生痛苦。如此痛苦的根本，是來自誤解究竟真實的第一種無明。

般若也有兩種：因地的和果位的

從這裡，我們明白有兩種層次的「真實」：一種是表面呈現出來的真實，以及另一種，比較細微層次的真實。

所以，經由這種錯誤的理解或無明，引發了我們的苦受。因此，如果你不想受苦，就必須消滅無明。怎麼做呢？怎麼做才能消滅無明？這得靠一些方法，讓自己認識一種智慧，一種能取代無明、遮蔽無明的智慧。只有認識了這種智慧，這種消除無明、理解真實的方法，我們才能去除痛苦。

這種我們需要認識的智慧，不只是一種純粹的理解，必須是一種實際的、活生生的、能用來解析真實的智慧。當我們提到《般若心經》裡所說，「諸佛依般若波羅蜜多」，這裡所說的「般若波羅蜜多」，又可以從兩個層次去思考：

其一，就「果」而言，與獲得佛果位有關；

其二，就「因」而言，是引導我們獲得完全證悟的媒介。

痛苦的起源是無知，防止痛苦的方法是「以了知之心對治無知之心」，就是「以智慧對治無明」——佛經中宣說了如此的道理。這種對治無明、根除痛苦的方法，不只是要透過聽聞而了知，還要透過思維而通達，更要透過觀察與實修，產生決定性的覺知——所謂的智慧，指的就是那種覺知。「波羅蜜多」的意思就是「到彼岸」，到彼岸可以理解「已經到達彼岸」或者說「正在前往彼岸」，那麼按照前者的理解來說，彼岸指的是佛土。

在此所謂的「波羅蜜多」，可從「本質」與「成因」來思維[1]。

當我們提到與結果有關的般若波羅蜜多時，指的就只是佛果位；然而就引導我們證悟的媒介而言，就包括了修行道上的學習過程。所以，這裡需要具備、為了要產生圓滿般若的智慧，如果僅是理解，或是擁有理解表面真實的智慧，那是不夠的。

更確切地說，它是必須能理解究竟真實的智慧。在究竟真實的層次，所理解、以及你所產生的這種智慧，不能只停留在概念的層次，它必須是直接、非概念性、非二元的體驗。這種智慧所理解的，是究竟真實以及非二元性。所以，對菩薩或大乘行者來說，這並不是什麼特別的事；對聲聞或緣覺來說，也是稀鬆平常的。

般若加上菩提心，諸佛成佛就靠它

現在的問題是，你要如何突顯這個智慧，使它成為如此特別、與大乘修行之道相關，而且最終成為所謂的圓滿的智慧（般若）；不只是一種智慧，而是圓滿的智慧（般若）。只有伴隨利他的菩提心，發心為了眾生的利益而求覺悟，才能做到這一點。

1 審譯註：就前者而言，僅佛地有。若就後者而言，有學位（五道前四道資糧道、加行道、見道、修道稱「有學道」）就有。一般而言，有表面顯現與究竟實相的二種行境，在此「般若波羅蜜多」是指證悟真如的心，無有二顯染污，現證真實、現起現實。

所以，唯有當此等智慧，也就是對空性或究竟真實的直接體悟，和菩提心相輔相成時，才是究竟的菩提心。正是仰賴這樣的智慧，這種圓滿的智慧，三世的所有佛獲得了證悟。所以，根本上來說，我們需要的，就是菩提心——以利他為動機，為了眾生的利益而發心成佛——與領悟空性的智慧，這兩者形成的一種組合。

尋求解脫的那些聲聞與緣覺的聖者所證得的「般若波羅蜜多」，是指勝義的空慧。而在此所說的「般若波羅蜜多」，就是三世諸佛所依止而證得佛果位的「般若波羅蜜多」，那不只是勝義菩提心所攝持的現證空性的智慧，還應具足善巧方便的世俗菩提心，勝義與世俗兩種菩提心雙運，這種結合兩種真實、二諦雙融的修行，稱為大乘菩薩道的「般若波羅蜜多」。

三條大道，通往般若

為了具備這種般若智慧，我們需要循序漸進地獲得下列三種智慧：學習的智慧、思維的智慧，以及禪修的智慧。

那麼這種智慧剛生起時，就如此完美嗎？當然不是，所以我們應該去聽別人的解說，和自己看書，慢慢去體會空性的義理，這樣所得到的智慧，稱為「聞所成慧」。再反復的思維所聽聞的義理，使內心中的定解愈來愈強，如此順次第生起的可稱為「思所成慧」。

一、聽聞：聞所成慧

首先，是學習的智慧。身為一位佛弟子、一位修行者的你，開始接受有關這個究竟真實的教授，就是經由般若智慧辨識空性。在接受了一位師長的教導之後，接著，你大量閱讀與這個主題有關的資料，然後對空性、究竟的真實獲得某種理解。這就是所謂經由學習而獲得的智慧。

二、思維：思所成慧

然後，不管你學到了什麼，嘗試去思維，試著去理解它真正的意思是什麼，空性真正的意思是什麼。然後，在某種程度上，你將因此得到深度的洞察，就像是「我懂了，就是它，這就是所謂的空性。」有一種對空性的真實理解。

這就是第二種智慧。它是經由思維所獲得的智慧。當它在你身上如曙光展現時，也被稱為認知或推理的認知，這是思維的智慧。到了那個階段，你已經有能力，能相當優秀的經由自己辨識出什麼是究竟的真實。

不過，這種方法有個缺點，那就是這種理解能力只有經過下功夫，才有可能獲得。如果你不努力，缺乏努力，就只是想想空性這件事，這種智慧是不會自己降臨在你身上的。這種定解不是「思維才有、不思維時便沒有」的那種。得到這種定解的人，因為經過不斷去熟練、串習的緣故，只要一想到，心中就會非常明瞭。

三、禪修：修所成慧

所以，我們需要自動自發地讓自己提升到能自然生起的這個層次。必須讓自己進展到第三種智慧的層次——源於禪修的智慧。

無論對空性、或是究竟真實的理解與辨識力到達哪一種程度，你一而再、再而三嘗試，讓自己熟悉這個已經獲得的理解，盡可能地在這個主題上禪修，直到它變成一種對自己來說是自然而然的事物，那就是一當你想到究竟真實這件事時，這種智慧就會自動開啟，自然而然地跑進你的心裡。

當然，這種（觀禪）洞悉力、觀照力，有賴（止禪）禪修時的專注力相輔相成，這也是因為有三摩地的定力輔助而成的。「修所成慧」等三種智慧生起的順序也是如此，前一個是後一個生起的基礎，前者工夫越紮實，後者成長越穩固。這在說明什麼呢？就是如何訓練和開展我們現在的這個心本有的能力，也就是為了達到圓滿智慧，邁向證悟，應該如何培養這三種層次的智慧。

舉例來說，這次我們要研習的是《金剛經》[2]當中關於空性、或究竟真實的教法。經由我的講解，你們將獲得理解，接著要思維，然後要禪修，這就是聞思修三種智慧生起的次序。

「般若心咒」裡，有五道次第

《心經》最後的經文「般若心咒」說：「爹雅他，揭諦揭諦，波羅揭諦，波羅僧揭諦，菩提薩婆訶」，意思就是「去吧，去吧，到彼岸去吧，好好的到彼岸去，直到證得究竟佛果位。」

簡單地說，這意味著我們要如上述聞思修次第增長的教導所說，需要以非常有次第、分階段的方式跟狀態，走完大乘修行之路。只有藉由逐步提升，我們的心才能變得越來越莊嚴，在修行中越來越真實。這是這段心咒經文的涵義。

般若裡，沒有沮喪、也沒有自滿

2 編註，按藏文版《金剛經》經名直譯，應作《聖般若波羅蜜多金剛能斷大乘經》，全書採用漢譯經名《金剛經》。

「爹雅他，揭諦揭諦，波羅揭諦，波羅僧揭諦，菩提薩婆訶」還有更深一層的含意，向我們揭露邁向完全覺悟的五個次第之道[3]。

有時你會覺得有點沮喪，沮喪在你心中蔓延，這時，你該想「去吧，去吧，到彼岸去吧，好好的到彼岸去，直到證得究竟佛果位。」你心想，這就是諸佛如何以循序漸進的狀態、方式圓滿這條修行之路，而我現在為什麼要覺得沮喪？既然這是諸佛走過的路，我應該也可以這麼走過的才是。這麼一來，你的沮喪感就消除了。

有時你會感到有點傲慢，會有一種「我對空性已經有點理解」的傲慢，這時，如果你能同樣串習這些次第，也會有助消除這種慢心。所以經典在宣說「五道十地」的修學程中，講到「有學道」時，先述說資糧道、加行道、見道、修道，依這樣的次第就有了「無學道」與佛地。

這套方法能幫助我們消除沮喪和傲慢這兩種極端的情緒。

所以大乘菩薩們修道時，自「見道」位起就分了十地，見道是初地智，從二地開始就是「修道」，就這樣漸次證得十地，從而獲得遍知一切的無上佛果位。

這裡我要說個故事。有個我從前認識的人，他問我：「我常做一些佛的夢，是不是證得初地了？」初地菩薩是在菩薩道的第三個修行道（之前有資道和加行道），菩薩道總共有十個階位。這個人他說：「看樣子，我已經到達那個階段了」，我也不好立刻否定，就提到了《入中論》中所記載初地菩薩「亦

3　編註：指資糧道、加行道、見道、修道、無學道。

能震動百世界」的功德。

我這麼回答他：「要分辨你是否已經獲得初地菩薩的階位，不只是靠做夢，應該伴隨其他很多的跡象辨別，以察覺自己是否真的取得初地菩薩的階位。」

所以，稍微有點瑞相，就覺得自己修得不錯，這時就應該復習這句心咒「爹雅他，揭諦揭諦，波羅揭諦，波羅僧揭諦，菩提薩婆訶」。這樣子是比較好的。它會告訴你：「喔，這些高層次的心靈領悟並不是突然、隨機地降臨在你身上的。更確切的說，你必須依照次第，比方資糧道、加行道、見道、修道和無學道這樣的漸修次第，才能獲得它們。」

另外一方面，你一定覺得佛陀所具備的能力是無與倫比的，超越人的能力所及。不過，請再想想這句心咒，這時它說的是：「並不是這樣的。那是某一種我們經由努力淨除自己的負面特質後，就能具足的能力。」能依這句心咒所引導的次序，去複習這五個修行之道的話，這是非常好的。

所以，這是當我們說到如何遵循如咒語所說，在上述不同的修行道路前行，「爹雅他，揭諦揭諦，波羅揭諦，波羅僧揭諦，菩提薩婆訶」這個心咒真不錯呀，既可以消除怯意，我慢也遣散了，所以，常常這麼思考是很有利益的。

去吧去吧，人生也像「般若心咒」

有時我會開玩笑地說：「揭諦揭諦，波羅揭諦，波羅僧揭諦，菩提薩婆訶」這個真言分為不需要努力的「揭諦揭諦，波羅揭諦，波羅僧揭諦，菩提薩婆訶」，與需要努力的「揭諦揭諦，波羅揭諦，波羅僧揭諦，菩提薩婆訶」兩種：一種不需要努力就能達成，另一種是需要努力才能證得；不需要努力就能達成的是我們的身體，從兒童到青年、壯年、老年直到最後往生，這種過程不需要努力。

就像你出生在這個地球上，接著成為兒童、少年、然後邁入青少年、青年階段，接著變老，最後面對死亡。從兒童走向青年，再從青年走向壯年，再從壯年走向老年，如此去吧！去吧！走到彼岸，走到究竟的彼岸，到年老時，對到究竟的彼岸，會有很好的經驗。知道了嗎？這是「菩提薩婆訶」的時候就是死亡的日子，這就是所謂的需要努力地「去吧，去吧，到彼岸去吧，好好的到彼岸去，直到證得究竟佛果位。」這是發生在我們身上的情況，說的就是讓我們這顆平凡的心，依次第證得世俗菩提心和勝義菩提心二者。

而後者呢，是我們每個人都會落入的生命五個階段，就像是生命中一個自然發生的部分，不需費什麼力氣的。當然，這時候我是用一種玩笑的口吻來說明心咒。至於需要付出心力的前者，和我們每個人的內心條件有關。

先努力，才能自然不費力

如同先前提過，我們需要培養更多有力的智慧——首先是經由學習而獲得的智慧，接著是思維所獲得的智慧，再來是禪修獲得的智慧，如此確定思所成慧，使之生起經驗，再使這種經驗熟練。首先領會義理，然後去瞭解體驗，再努力去實踐，讓它熟練達到自然，依精進「去吧，去吧，到彼岸去吧，好好的到彼岸去，直到證得究竟佛果位。」有另外這種說法。

說到體驗，首先，你試著對究竟真實、或者菩提心等概念，獲得某種模糊的想法。接著增強自己對於這個理解的信心。然後，就會生起想要付出心力的堅定心。最後，透過進一步實踐，這件事對你來說，就變得不費力了。因此，對於「真實」，就會具有自然而然的信心或認知。這是說明你如何唯有努力，以及透過學習，邁向這五種修行之道。

般若經典的傳承

所謂的般若波羅蜜多，一般來說，就是勝義菩提心，就是現證空性的智慧，這就是所謂「到彼岸的般若波羅蜜多」，在「有學道」中有所說明；而究竟的般若波羅蜜，只有佛地有，就是傳統上說的「所度趣向處」佛果般若波羅蜜。

說明這般若波羅蜜多的道與果，以及前行的資糧道與加行道等的經典，則是「經教般若波羅蜜」。在藏文中翻譯的有《廣十萬頌般若經》、《中般若經》、《二萬五千頌》、《八千頌般若經》、《一萬八千頌般若經》等十七部般若波羅蜜多經典。

在中文中也有《大般若經》等很多般若波羅蜜多的經典。

大乘非佛說？

龍樹菩薩住世時，有很多以般若波羅蜜多為代表的大乘經典，但也有人曾否定這些是佛陀所傳的法，不承認這些經典，也有這樣的事情發生。現今仍有人說大乘並非佛陀所說，所以龍樹菩薩師徒著作了許多關於「大乘法為佛法」的論著；同樣地，彌勒菩薩所著《莊嚴經論》裡的第一品，也在說明大乘是佛陀所傳的教法。關於說「大乘不是佛陀的教法」，尤其認為「大乘密法不是佛陀的教法」，這種情況，在古代印度也好、在現今這個時代也好，都有這樣的爭論。

龍樹菩薩力圖證明大乘佛教的確是世尊親自傳授的教法。而他的追隨者中，包括月稱論師在內，也引用了許多大乘佛教的經文，來證明這個論點。譬如在《中觀明句疏》中，月稱論師引述了《八千頌》裡常啼菩薩傳記中的某些字句。所以，這些偉大的善知識們，完全認同大乘經典為世尊親自傳授的教法。

龍樹父子[4]等都是大智者，對於各種教法的研討、探究都非常精闢，並非盲目地遵循經典。他們勇於檢視佛陀的教法，即使是已經被公認為佛所傳授的那些教法，他們也試圖檢視經文的字義是否能

4 編註：龍樹父子，指龍樹菩薩暨心子提婆論師（聖天菩薩）。

被接受，或是需要進一步地加以註解。

因此，如果他們在面對經典時，即使是那些已經廣受認可為佛陀所說的經典時，也去檢驗它們，在面對「是否為佛所說感到有疑慮」的大乘佛教時，自然沒有理由不是同等檢驗了。這些，就是這些偉大師長們，認同大乘佛教為佛陀親傳教法的清楚顯示。

以大乘經論，證明四聖諦

再者，以巴利文記載，佛是以巴利文教授這些教法的。大多數梵文經典都是大乘法的著疏，所以也自然的成了大乘經典。如果這些都不存在，巴利文經典當中關於四聖諦和三十七道品（the 37 Harmonious Paths to Enlightenment）的闡述所依據的理路，也就無從談起了。

因此，我們需要以梵文記載的教法作為巴利文佛說經典輔助，而它們主要是大乘佛教的教法。舉例來說，法稱論師在《釋量論．第二品》中藉由推理與理路，以更清楚的認知，詳盡解釋、驗證了四聖諦。所以，我們明白，為了對以巴利文記載，出自南傳佛教的四聖諦獲得深刻的信解，我們需要大乘佛教中長久以來具有的推理等等為基礎，以支持或驗證前者。

特別是當世尊教授四聖諦中的第三諦「滅」諦、有關滅苦的真諦時，更是如此。如果少了大乘教法中強有力的推理支持，幫助我們去驗證「滅諦」、或是有關「滅苦這個真理」的可能性，就只能純粹仰賴巴利文所呈現的教示，就只能視其為世尊所說，理所當然的事實。除此之外，你是找不到一個能以推理為基礎，清楚闡述、證明「滅諦」或「滅苦的真理」存在的可能性。對於滅諦的「非擇滅與擇滅」[5]等論述，如果簡單的認為「這就是世尊所宣說的」，深信這就是世尊的言教，而不去深入思維探究其原因義理，就很難留下深刻的記憶。

在二轉法輪時，佛陀曾經對於什麼建構了究竟的真實，提出非常清楚的說明。因為對究竟真實的誤解，人們捲入了讓自己感到苦惱的情緒，比如貪著、瞋恨等種種的情緒當中。然而，倘若你能體會世尊在二轉法輪時所解釋的細微空性，你是不會讓這些苦惱的情緒，在自己的內心當中有生起的餘地。然後，你會有從這些苦惱與苦受中獲得自由的機會。而後，所謂的「滅諦」、或是「滅苦的真理」，也會隨之展現。

在二轉法輪的大乘經典中，有「諸法假名而立，諸法自性為空」的說法，這是指「本質是空性，但在我們眼前似乎呈現出實有」的自性空，一旦我們執著一切現象「顯現的實有面」就會產生煩惱，如果能如理了知「本質的空性」，那麼執以為實的執著就會自然鬆脫，這時思維起初轉法輪佛說四聖諦時所說的「內若達」、滅諦，心中就會油然覺得：「這就是真理啊！」

除此之外，對於世尊在三轉法輪時所說心的「明光本性」有所理解之後，我們可能再一次，更清楚、確信地理解滅苦真諦。因此，簡言之，我們依止以梵文記載的大乘佛教教法，而對佛以巴利文所教授的四聖諦，產生徹底而且深刻的確信。

5 編註：擇滅指經由智慧揀擇之力而令煩惱寂滅，非擇滅指非由揀擇、只是缺少因緣故煩惱寂滅。

所以，以巴利文傳授的四聖諦，是佛陀教法的基礎、也是最受強調、突顯的部分。但我們還需要仰賴梵文記載的大乘經典相輔相成，作為一個縝密支持，幫助我們對以巴利文呈現的四聖諦，建立它的有效性。

成佛之因，不能只看一生

所以，梵文的大乘經典和巴利文的原始佛法經典只是相輔相成，並無相違。在相輔相成之餘，不可諱言，也有在許多巴利文中並不明確的甚深法門，相較起來，以梵文記載、或是被我們稱為大乘佛教的教法，更能以一種高深的形式呈現。從這個角度來說，我們看到大乘佛教，是更為深遠、快速，並且以發展的形式而言，是比巴利文所記載的教法更深奧的。

而且，有些像是佛「四身」[6]的說法，在以巴利文記載的佛典中，是根本找不到的。如果你必須逐字依照巴利文傳授的教法去解釋才接受的話，情況會變得相當矛盾或無法令人滿意[7]。事實上，「成佛特質」這件事，涵蓋更廣、更大、更深遠，不只是巴利文的典籍所解釋那些內涵。所以，就內容來說，在大乘佛教中，我們看到的是更為深奧而廣大的教法。

6 編註：佛四身，密續瑜伽部認為除了法身、報身、化身三身，還有體性身。

7 審譯註：巴利文佛典所謂菩薩是指與世尊同一相續的菩薩世尊，是正在累積三大阿僧祇劫福慧資糧的菩薩，除此之外似乎並不承認有其他的菩薩。

佛其實沒那麼偉大？

還有另一個矛盾，一個極大的矛盾，就是如果你不能認同「大乘佛教為佛親自傳授的教法」，那麼，你就得接受以下這個說法：在釋迦牟尼佛之後，世間還有其他比佛更偉大的善知識出世。你也必須認同許多其他的矛盾，比如存在於龍樹菩薩著作中，我們看見的那些深奧開示，都不是世尊本人的教授，因為在巴利文記載的教法中，是找不到它們的。所以，如此一來，你必須相信佛不是遍知的，至少那些包括龍樹菩薩在內的聖者日後所傳授的教法，佛是不會知道的。這些都是矛盾。

密續教法與圓滿智慧

同樣的，還有一個熱門爭論命題：佛教是否有密法的存在？或者密法是佛說嗎？

在外道中也有密法，外道的論典中也記載了修氣脈、明點的方式。眾所周知的龍樹菩薩、聖天論師、月稱菩薩、還有親自來到西藏的靜命論師，以及晚期到藏地的阿底峽尊者，他們都修持密乘，還著作了很多關於密法的論典，所以這些大成就者，不但肯定密法的存在，他們還修持了密法。

成就佛四身，智慧方便要雙運

如果你是經由親身驗證或分析去解析這件事的話，將如實明白佛的四身，是如何可能發生的。回到我們今早提到的這句心咒：「揭諦揭諦，波羅揭諦，波羅僧揭諦，菩提薩婆訶」，這裡，「菩提薩婆訶」是安住在佛果位。這佛果位，是由佛的四身所構成。這個觀念可以、也只有以瑜伽部或無上瑜伽密續的教法，才能展現最具信服力的說明。除此之外，四身也曾出現在顯教體系的其他教法中，不過，在那些體系中，並不具備擁有說服力或強有力的論證推理。

想要成就佛的四身，即使在顯教經典中，也提及了一種所謂的非二元法，或是不可分割法，是一種無法分別的智慧與方便法，或者智慧與方便雙運。在密續中講述過，這不共的智慧與方便的雙運道，唯有在證得空性的智慧上，才有能力完整的成立佛體性身，這也在密續中有所闡述。

不過，對於這個非二元法，或稱為方法與智慧的無法分別是如何組成的，有一個廣泛、詳盡的說明，是來自密續的論典。在密續的論典中提到，那是心非常單一、專注於空性的一刻。所以，這個專注於空性的細微之心，被運用於不只是成就佛的法身，還有佛的報化二色身。這必須以細分的覺知觀修體驗而得到[8]。

8 審譯註：不然，以粗分的覺知觀修，是辦不到的。如之前所說的，心識會消融於虛空，消融於虛空之後，安住在四空期間，可以產生通達非常細分的空性之心，那麼就能順序地齊備成就色身的全部因緣。

以般若乘而言，諸佛還會引導安住於空性的十地菩薩們，不要一直安住在禪定中，這樣是無法證得佛果位的。修行者出定以後，必須要廣集資糧，因為若只有安住在空性，沒有成辦二身的功能，所以要另外累積成辦色身的因。

那些確實遵守經典指導、而不是修持密續教法的修行者，在他們成就第十地的菩薩果位後，諸佛會把他們從禪定中喚醒，提醒這些行者們，因為尚未圓滿最後的果位，所以，必須離開這個甚深禪定，這個非常好的禪定狀態中。為了累積更多的資糧，必須去做更多的事，直到他們終於踏上密續的修行之路，成就完全的證悟。

達到無上密法最高境界時，在一個覺知之上具備成辦二身的全部因。所以，密續所講的就是在般若乘所講的作為根本，再加上殊勝的不共法。此說法是龍樹師徒也承許的，而且，用智慧去思維，觀察無上密續的論典，藉此可以對顯教之道與果位的道理，產生確信。

所以，在無上瑜伽密續的教法中，你看見的，一方面是以顯教教法為基礎、更加發展的教法，除此之外，它還具備了某些獨一無二的呈現或說明，是顯教系統中所缺乏的。所以，簡言之，包括龍樹菩薩與他的心子在內的這些偉大的精神導師，他們都認同密續是佛陀親自傳授的教法。

而一旦你了解密續如何成就，就能明白顯教系統中，所有根、道、果的說明，也能仰賴密續的教法、或者只有對密續教法有完善的知識，才能圓滿的理解。

佛如何傳授密法？

不過，在我們記得密續教法的確是佛陀親自傳授的這件事實時，有件事必須同時牢記在心，那就是，佛當年並不是以公開的形式傳授密續教法的。

所以，現在能找到佛陀公開傳授的教法，是以巴利文記載的教法，因此歷史學家們記載的是能找到的、以巴利文記載的佛陀教法，所以他們說，那些是佛親自傳授的法。譬如三藏結集而成的經典是公開的，而大乘的經典當時還沒有公開宣說。

沒有公開的說法，怎麼可能有公開的結集？《真理焰論》中說結集大乘佛經的是普賢菩薩和文殊菩薩等聖弟子眾，這不是所有的眾生都能看見的，都是示現天人相的菩薩，只有善根者才能瞻仰，不是所有凡夫都能一睹尊顏的。

從歷史上來看，大乘經也只為善根的眾生而講，結集者在善根者看來也都是示現天、龍相的菩薩。密乘的經典也一樣，是將佛陀化為三行體性而說的。龍樹菩薩所著《五次疏》和提婆菩薩所著《中觀四百論》中有離慾行、般若地度行、俱貪行等三行，所以，薄伽梵以比丘相講密續，然後再捨比丘相而以轉輪勝王相而說。所以，也有示現為所修本尊的各種相，在某個「所化機」、想要度化的有緣弟子，面前示現這個色身，不是公開的，也就不會有公認的歷史記載了。

事實上，直到今天，我們還是可以發現這些神秘的層次，比方說，那些偉大的修行者能親見佛、壇城、密續壇城，並且得以從壇城中顯相的這些聖眾那裡，獲得教授。

我本人也遇過一些擁有非常高等、人智所不能及那種心靈體驗的修行者。這些人的經驗可以讓人獲得堅定的信念，相信這些不可思議的事情，是確實發生的。

四種可靠的「真實」

這就是我時常所講的，薩迦派在講述道果時提倡四量、四種真實[9]。以這四種量產生的次第而言，世尊先傳教法，所以先有了「聖教量」；依此而著作了解釋教法的論典，就產生了「論典量」或「傳記量」；而後為了正確的修持經論的正理，就出現了具有德行的無上上師，也就是「師訣量」；上師對學者傳法教授，在弟子的心中自然地生起證悟體驗之心，這樣就有了「覺受量」。

但是，依心中所證悟的次序而言，順序就要倒過來，最先的是「覺受量」：先為了證實上師的口訣是真實不虛的「師訣量」，需要明白了悟上師所傳的教授，如要知道這個，必須先在自己的心相續中生起體驗；如此才能知道此體驗來自於方便的引導者，如此一來，就可以明瞭這方便的引導者，就是具有德行的人。

9 編註：四種真實，即薩迦四正量：聖教量、傳記量、師訣量、覺受量。聖教量即如來實語之經教；傳記量即諸論師根據經教結合實際經驗之記載，成為論藏；師訣量即在修中要遵循上師密訣指點；覺受量即行者實修中的感受和證驗。修道能否有成，四量之中以師訣量最為重要。

首先，是遵循上師的指導，審視自己獲得了多大程度的體會。當你獲得了某些形式的心靈體會，深刻的理解與實現時，就是我們說的可信賴的經驗。一旦有過這種體驗，你對上師教導的可信度，將獲得堅定的信心。首先是要生起真實體驗的「覺受量」，依此知道「師訣量」之可貴，又依此明瞭「論典量」之可信，然後確信傳授經典的佛陀，所說都是「聖教量」。生起量的次第就是如此，與產生的次第是相反的。

一旦你對上師教授的可信度獲得確信，這時，想想你的上師又是如何獲得這些真實可信賴的開示呢？上師正是依止由龍樹菩薩在內的這些印度善知識所造的論典，得到這些真實無誤的教示。這些論典又是怎麼來的呢？你看到了，它們其實源自於佛的親身教授。這就是我們如何透過追溯的方式去驗證、確認佛的教法是確實無誤的。

深刻體驗：從驚鴻一瞥開始

接著談四真實的主要前提，也就是弟子的個人體驗。

這部分，可以分為兩種體驗：一種是非常平常、普通的體驗，另一種則是人智所不及的殊勝體驗。想想《修心七要》的作者切喀瓦尊者，他是霞惹瓦的弟子，智慧超群，證得菩提心之後，更是與眾不同。噶當派上師的智慧，就如瓶中的燈火一樣隱秘而不公開，他們應該具有所有這些看見本尊、佛陀顯相一類的高深體驗。

說到這個，我們這次《金剛經》教導之後將解說的《三主要道》作者宗喀巴大師，是從童年時就看見文殊師利菩薩顯相，並且直接對談，獲得「本尊造論開許」；在中觀和密法方面，大師也從龍樹菩薩處，領受了許多的討論與直接的傳授；經由依止諸多印度先賢善知識所造的釋論，同樣有親見本尊、獲得灌頂教授的深刻經驗——的確有這種屬實而且奇特的經驗啊！

當然，就我本身，我是沒有這種經驗的，沒有這種超乎人智所及的體驗，然而經由研習、禪修菩提心與空性，這對想要擁有一個更快樂的生命，當然帶來實質性的幫助。當然，在為自己的師長立傳時，有些學生會有傾向誇大自己師長能力的風險。所以，在西藏是有這麼一句話：「一位虔敬的學生，可以讓他的上師變成一位偽善者。」這麼說的原因，是因為這些學生在稱頌上師功德的時候，雖然出於虔誠，然而誇大了上師的才能，把上師塑造成他並不具備的那個樣子，但這些只是少數。

總之，不管是偉大的造論者傑仁波切[10]、或是種敦巴大師的傳記，都告訴我們，他們在精神上獲得的領悟是如此高深，他們所擁有的，是非常特別的、超乎人智所及的體驗。現在，根據我們個人具有的一點經驗，我們看見，這種超越人智的經驗，是可能存在的。

有個故事，說的是一個賣酒人與一個偷酒賊到店裡偷酒的故事。偷酒賊小啜了一口酒桶最上層的酒，那部份的酒，是比較不烈的，越深入桶內，酒越烈。這小偷嚐的是桶子最上方的酒，發現自己真的很喜歡，他說：「味道真棒，真是好酒！」然後再說：「假使上面的酒已經如此美味，就別提底下

10 審譯註：藏人對宗喀巴大師的另一個尊稱。

的酒會是什麼樣的好滋味了。」

於是，他從桶子底部取酒喝，喝得非常盡興，然後喝醉了。酒鋪的老闆，在偷酒賊喝醉之後逮著他。這裡，我要說的，就像這個故事，偷酒賊知道酒有兩層的味道——表層的味道是非常稀的，而底層的就非常濃烈了。就心靈經驗來說，道理也相似——一種是非常表面、普通的，那是另外一種體驗的基礎，而那種體驗是超越我們所能推論，更深奧、超出人智所能理解的範圍。

就像這樣使我們的經驗增長，去體會生活中的幸福，再用這種幸福去感受清淨的快樂，使其能在覺知中顯現，如此就能估量以上的觀點。

不是佛經說什麼，都要照單全收

至於我，只是一個非常平凡的佛教比丘，不具備任何的靈性體驗，只是一心追隨著佛陀釋迦牟尼。但是，我並不漠視這些練習，也不曾看輕這種體驗。

即使在精神上我一點也沒有領先，但是，我盡自己最大的能力持續練習。我也不是一位盲目的追隨者，在閱讀經典時，我會隨文觀修、伺察，不會完全信賴經典而不做觀察。以須彌山為例，這個在這本《金剛經》中也提及的名相，當我讀著這個名相，當然知道它是佛陀告訴我們的，但是在內心深處，這是我有些疑惑的事情，我會想：「世尊為什麼要這麼說呢？」

經常做這樣的分析，確實有很大的幫助，分析再分析，就可以產生信心。這樣努力去修行，就會有所感受。像我這樣平凡的人也能透過努力聽聞、思維、觀察而體驗到傳承的真理。從對這些空性智慧驚鴻一瞥開始，如果還有更多時間在這方面努力，我可以百分之百的肯定，自己會得到更好的理解。這些經驗都是依「四量」或說「四種真實」而來的。以上這些，都是為了證明以下要講的經典是正確、無誤的。

第四章

不可思議，不是不可能

《金剛經》中，記載著一些人智所不及、不可思議的現象，我們該怎麼看待？

有些人不相信佛教，所以，在佛教徒與非佛教徒之間，曾經有一段這樣的對話，非佛教徒對佛教徒說：「那些在佛教、佛法中提到的能力、所有的好事都只是幻想，或者只是被心創造出來的。它們並不真實存在。只是被這些作者誇大了。」所以，如果你不謹慎，如果不以佛教或佛法教導的方式去驗證，那麼，就有這種風險。

的確，對佛法有疑惑的人偶爾會這樣講。以前有個從西藏來的人，開玩笑的對朋友說有關佛法的問題時，這樣說：「你們佛教徒老是說些看不見、不存在的東西。」以上的道理，如果不好好思維的話，就很難體會到《金剛經》中所講的那些不可思議的教法。

看不見，不等於不存在

看不見就等於不存在嗎？客觀的說，對於沒看見的事物你可以存疑，但如果以「我沒看見」當理由來判斷「所以它不存在」，那就犯了《釋量論》裡所說的「不見故非無」（沒看見，就代表它不存在）的邏輯錯誤。當我們還不能看見時，先從客觀的角度，以平等心來看待的話比較好。因為其實你很難馬上就下決定說，這是不存在的。所以，以平等心來觀待，那是最好的。

我平常就常對科學家們說：「現在科學還沒發現的事物，只是暫時還沒找到而已，並不是確定沒有。」「還沒發現」以及「確定沒有」，這兩者是不一樣的。

三種清淨的論證基礎

其實佛所說的經典，有些「具三清淨觀察」，即：

一、所說現前法，不違背「現量」；

二、所說隱蔽法，不違背「事勢比量」；

三、所說極隱蔽法，不違背「信許比量」[1]。

我們應該如此來思維觀察。

印度論師重斷諍，清淨觀察法三要點

總而言之，我們應該遵循、採取這種「具三清淨觀察」的方法。事實上，為佛教造論的印度善知識們，早已經採用這種方法。在他們著作的論述中提到了這三種觀點，你可以看到，他們如何以這三種觀點發展出三種方法，來突顯論述的主要部分：

第一步「破」：首先，否定對手的見解；

第二步「立」：接著，建立自己的立場與觀點；

第三步「斷諍」：最後，駁斥對手對於自己所建立的觀點的批判。

1 編註：現量、比量、信許量，合稱三量。量是「真實」之意，現量指現前可以直接感知的真實，如眼根正常的人看見色相所生的眼識；比量是依止正因而得到的正確推理，如「彼山有煙，故知有火」；信許量又稱聖教量或聖言量，如「布施得來世富足的善果」、「殺生得來世短壽與被殺的不善果」，眼前雖不得見，但為能知三世因果之聖者所宣說，故為真理。現前法，指可以直接感知的現象；隱蔽法，指不能現前直接感知的現象；極隱蔽法，指今世不能現前感知的現象。

修心教導，不用否定對手

不過，在包括「修心」、有關「道次第」教法的種種教授中，你是看不到造論者用這個方法造論的。包括《菩提道燈論》的作者阿底峽尊者在內的印度祖師們，以及日後的藏地善知識，他們所傳下來的教法或著作中，情況也是如此。

這是因為善知識們認為日後接受這些教法的人，主要是佛教徒，善知識認為他們當然是為佛教徒傳授這些教法的。所以，師長們不再偏好先前印度善知識所採用這種「否定對手見解」的造論方式。另外也是因為在西藏，絕大多數的居民為藏人，不像在印度，有著各種不同的宗教信仰，這些在印度的師長，遭遇著來自其他宗教哲學家的眾多挑戰，所以他們採用這種縝密、學術風格的造論方式。

因明論典，還是非破不可！

在為因明與哲學之類的主題注釋時，藏地的祖師們，當然也會採取這種相同的方式造論，因為這是印度的善知識們，在為這些法典注釋時會採用的方法。除此之外，藏地的祖師並不應用那樣的方式造論。我們西藏風格的佛教辯證，偏向以分析為主。

教言作結，習慣性找靠山？

不過，有些人傾向依賴教言，而這是不夠的，即使有些論著也有類似這種現象，即剛開始用一些正因來說明，最終引些教言作結束。這樣是不對的，不應該引教言為結語，而是要以正因邏輯推理到底，最終體驗現證，應該是以這種方式來成立一種主張觀點。

眼見為憑，看到才算數？

在看事情時，我們也會有類似的情形。我為什麼要提出這些事，是因為在我們接著要研讀的《金剛經》中，記載著一些人智所不能及、不可思議的現象，現象在佛教也稱作「法」。

有一次在拉薩，我遇見一位中國人，他跟我說：「雖然佛教告訴人們有輪迴這回事，其實是沒有的。」所以我問他：「你為什麼認為沒有輪迴這件事呢？」他回答說：「因為我沒看見。」然後我再說：「所以每一件存在的事物，你都非得見到囉？如果有件事物是你沒見過的，它就必須一定是不存在的？」這個人回答：「不，那倒不一定。」所以，他自己是矛盾的。

這裡的重點，是有一些事物，我們試著要否定它們的存在，原因只是出於我不相信它存在、或者看不見它存在。所以，這並不足以構成一個適當的理由去宣稱事物存在，或者不存在。

不存在：只是發現前的等待？

比較合宜的處理方式，是面對你看不到、不明白的事物時，最好保持超然的說：「喔，我不相信它；不過，我也沒有看過任何能駁倒它（存在）的理由。」法稱論師（Dharmakirti）在《釋量論》（Pramanavartika）中，對於這件事提出了最清楚的解釋——那就是，當某件事物尚未被發現，這並不表示，它已經被發現不存在。

與科學家們碰面時，我告訴他們，有很多東西是當代科學還無法發現的。所以，科學家無法發現那些事物的存在，但是也還沒能發現這些事物的不存在。因此，我請求他們，在找不到某事與確定某事不存在這兩者間，應該要有所區別。

第二卷 見樹篇

法王教你讀通《金剛經》

《金剛經》這顆佛經的鑽石，到底在說些什麼，
為什麼在漢藏都是空性壓卷之作，
讓很多大師讀了就開悟？

打開《金剛經》，
尊者帶我們深入佛說的字字句句和譬喻，
解開這顆空性鑽石的秘密，
看看它為什麼如此輕盈美麗卻無堅不摧。

第五章

打開鑽石般的智慧

因為空性，心靈得以淨化、福德能積聚，因果世界能夠運作，我們能成佛。

現在正式進入《金剛經》的經文內容。

這部經，為什麼叫做《能斷金剛》？

中文經名：《金剛經》。

梵文經名：Arya Vajra Chetika, Namo Prajnaparamita, Mahayana sutra，音譯是「阿雅　班雜　擦增達

格　巴日　迦巴日　目達　拿摩　瑪哈雅那　梭扎。

藏文經名：འཕགས་པ་ཤེས་རབ་ཀྱི་ཕ་རོལ་ཏུ་ཕྱིན་པ་རྡོ་རྗེ་གཅོད་པ་ཞེས་བྱ་བ་ཐེག་པ་ཆེན་པོའི་མདོ།

英文標音："「Phagpa sherab ghyi pharol dhu chinpe, dojee choepa, shey jhawe, phagpa chenpoe do」，中文直譯作《聖般若波羅蜜多能斷金剛大乘經》，字面上的意思是「名為到彼岸的智慧、能斷金剛那部大乘經典」。

〈般若佛母禮讚文〉

離言詮思般若波羅蜜，無生不滅虛空之本質，

唯一勝妙觀慧所行境，禮敬三世諸佛殊勝母！

這部經典的名稱「能斷金剛」，指的是「理解空性的智慧」，直接了知，並且為菩提心所攝持。尤其由菩提心所攝持的勝義菩提心，即由菩提心所攝持之現證空性的智慧，不只能斷除「煩惱障」，而且也可以斷除那些阻礙我們證得遍知佛果的「所知障」。

所以，空性智慧就是「能去斷除」某樣「所要斷除」的事物；斷除後所留下的，是經得起推論，不會再被任何推論所否定的，能如此堅定地經得住考驗。由於以斷除為目的，空性智慧嘗試分析的，是其試圖斷除的對象，是否真實存在？究竟它是存在的、或是不存在的？

——如果它真的存在，那麼這種空性智慧應該能夠發現它；

——如果無法發現它，那麼這種空性智慧於是斷除這種假設的存在。

基於上述兩原因，這種空性智慧，理解空性並為菩提心所攝持的智慧，就稱為「能斷金剛」。這種智慧，可以斷除所有「所斷」（所要斷除的），同時可以證得一切「所證」（所要證得的）。所要斷除的那些「不真實存在」的事物，如果要說它存不存在，不是依靠教言，不是聖者說它不存在它就不存在，而是經過「依止正因的邏輯推理」，經過觀察尋找，如果存在就應該要找得到，可是卻無法找到，那就是不真實存在。因此，現證空性的智慧，在「所遮」（所斷除）方面，可以斷除二障；在「所證」（所證得）方面呢，就是由菩提心所持的空性智慧。由於它是依止正量理、有因明邏輯的堅實基礎，所以不會受到損害——在這樣的基礎上所宣說的這部經典，就稱為《金剛經》。

佛陀的平常午後

如是我聞，一時，薄伽梵在室羅筏（舍衛國），住誓多林給孤獨，與大苾芻眾千二百五十人俱，爾時，世尊於日初分，整理裳服，執持衣，入室羅筏大城乞食，時，薄伽梵於其城中行乞食已，出還本處，飯食訖，收衣，洗足已，於食後時，敷如常座，結跏趺坐，端身正願，住對面念。時，諸苾芻

來詣佛所，到已頂禮世尊雙足，右遶三匝，退坐一面，具壽善現亦於如是眾會中坐。（藏傳版）[1]

如是我聞。一時，佛在舍衛國祇樹給孤獨園，與大比丘眾千二百五十人俱。爾時，世尊食時，著衣持缽，入舍衛大城乞食。於其城中，次第乞已，還至本處。飯食訖，收衣缽，洗足已，敷座而坐。（漢傳版）

以上這段是歷史。在經典的第一部分，是為了現實當中的教授奠定基礎，交代這個開示發生的場景。因此，我們首先要講的這段，是經典的「開場白」。

佛陀為利他，化現人身度有情

這時我們都把佛陀薄伽梵視為人，是人喔！在宣說「四身」的時候，一般會先解釋四身中的「法身」，包括了「自性法身」與「智慧法身」，自利的究竟成就是法身；證得自利法身是為了利他，才可以示現方便利他的兩種色身：對登地菩薩示現的報身，和對凡夫眾生示現的化身。此處佛陀示現人身，以人的狀態示現在弟子面前，就是經論上所說的「化身」。

1 編註：本書「藏傳版」即玄奘大師譯版，因內容與藏傳版相近，尊者講經現場，華人法友即依此版聞法。

當佛的「自利法身」圓滿成就，因為法身是無相的，為了利他，佛會自在化現成被攝受的弟子眾可以看見的身形，也就是顯現「利他色身」，為利他而示現的佛色身分兩種，一種是登地菩薩才能親見的「報身」，一種是淨業凡夫即能親近的「化身」。一般說佛有「三身」，這時只有一種「法身」，若就智慧「自性清淨」（自性本然的清淨）和「客塵清淨」（去除垢染的清淨）兩個角度來看，法身就有兩種：「自性法身」和「智慧法身」，它們都是恆常的，這就是「自利法身」；而所謂的「利他色身」，就是報身和化身──合起來就是藏傳說的「四身」。

時時刻刻，三門都雍容和度

在彌勒菩薩所著作的《寶性論》（Uttaratantrashastra）中，對此有清楚的記載。論中說：「法身本不動，幻化種種相。」（或譯作「佛法身不動，而常現世間」）佛在法身這個真實身中保持不動，然後變化了數百萬次，化身到各個不同的世界中，利益一切有情眾生。其中一個化身，是到了這個人類生命周期為一百年的時代，「第四位佛」釋迦牟尼佛以，身為比丘，受具足戒的人身形相示現。受具足戒的人在飲食上，正午後即不再進食，也就是「過午不食」，就這樣席地而坐後趨入現觀。

所以，經中描述的，是佛在午後不再進食，在座墊上打坐，這時，他的心非常清楚、保持著正念與內省，正在教導弟子們，如何依此奉行，保持念知不放逸。和世尊一同坐在那裡的，還有須菩提菩薩（Bodhisattva Subuddhi）[2]以及其他比丘，他們圍繞著佛而坐。這就是當時的情景。

「肅身念住，現觀而坐」是指佛陀在各類眾生都可以看到的共通相中，身語意三門無時無刻不雍容和度，念知絕不放逸，並教化諸眷屬阿羅漢，及其他所化眾（所攝受、教化的弟子們），必須依此奉行，佛陀也以身示法，如是奉行。

「餘者諸比丘，頂禮佛足，須菩提亦於此間。」[3]總之是都是在講，佛陀示現殊勝三身中的「應化身」時的其中一種相，也就是示現人身時的轉法輪相。

清晰憶念佛身相，具有大利益

（講經進行到此處，現場依藏傳佛法傳統供茶給大眾，尊者說：把法本從頭到尾讀一遍，我禮敬所有的佛與菩薩。這個供養，就是供養茶給導師釋迦牟尼佛！）

宗喀巴大師說，當他因為釋迦牟尼佛教授「緣起法」，而想要寫出對佛的讚頌時，他在心中的確清楚呈現佛以非常明確的肉身形象、身穿袈裟的環境和身影示現。然後，大師作出了對佛的讚頌：

2 編註：鳩摩羅什版中「須菩提」為音譯，也就是玄奘法師或藏傳版義譯的「善現」。

3 編註：此段經文本書玄奘版：「時，諸苾芻來詣佛所，到已頂禮世尊雙足，右遶三匝，退坐一面，具壽善現亦於如是眾會中坐。」

憶念於此尊宣說，相好勝妙極晃耀，
光網周遍作圍繞，大師清淨妙梵音，
追想如是作宣說，能仁善妙身相影，
歷歷顯現於意中，即如月光治熱惱。

當我們在聽聞佛法和讀佛經時，如剛才所說的那樣，在心中能清楚呈現出佛陀時的身影、表情和裝飾，能如此講說或聽聞佛法，得到的效果更為殊勝。

佛啊，我該如何降伏自心？

爾時，眾中具壽善現從座而起，偏袒一肩，右膝著地，合掌恭敬而白佛言：「希有！世尊！乃至如來、應、正等覺，能以最勝攝受，攝受諸菩薩摩訶薩，乃至如來、應、正等覺，能以最勝付囑，付囑諸菩薩摩訶薩，世尊！諸有發趣菩薩乘者，應云何住？云何修行？云何攝伏其心？」

作是語已。爾時，世尊告長老須菩提曰：「善哉！善哉！須菩提！如是，如是，如汝所說。」（藏傳版）

時，長老須菩提在大眾中即從座起，偏袒右肩，右膝著地，合掌恭敬而白佛言：「希有！世尊！如來善護念諸菩薩，善付囑諸菩薩。世尊！善男子、善女人，發阿耨多羅三藐三菩提心，應云何住？云何降伏其心？」

佛言：「善哉，善哉。須菩提！如汝所說：如來善護念諸菩薩，善付囑諸菩薩，汝今諦聽！當為汝說：善男子、善女人，發阿耨多羅三藐三菩提心，應如是住，如是降伏其心。」（漢傳版）

接下來是發問。此時，所有佛眷屬、佛陀的學生裡的聖者羅漢須菩提長老，向佛請問：「這是大乘經典，我們可以依其修菩提心，就能證得菩提心嗎？」

就像須菩提，你我都能成菩薩

這裡的具壽善現（長者善現），也就是聖者須菩提，他是一位偉大的阿羅漢。在巴利文的佛典中，當經文提到「菩薩」這個字的時候，指的是在「有學道」累積三大阿僧祇劫修行的釋迦牟尼佛；但大乘經典講到，我們一般的人也可以通過修學而證得菩薩道。

在歷史上，佛陀就承認自己在「有學道」時是一位菩薩。根據巴利文的佛教典籍所說：「世無二佛」，一次只有一位佛出世，不會有兩位佛同時住世的情形，就像不會有兩位轉輪勝王同時出現一樣。然而，大乘佛教是相信「即身成佛」的，大乘佛教提到了許多菩薩都是即身成就，比如龍樹菩薩師徒，人們相信在他們在身為菩薩的那一世，已經證得了佛的果位。以大乘密續的角度而言，在龍樹菩薩前半生已達成菩薩道。可是以巴利文的經典並不這樣記載，它們認為在一劫或一世中只會出現一尊佛，所以，在有學道也大概只會有一尊菩薩。

不過在大乘經典中，記載了許多教導一般凡夫初學者修持菩提心的方法，讓我們在修行的心續中，生起世俗菩提心乃至勝義菩提心，總之，要生起空性見與菩提心，才能證得菩薩果位，這都是佛陀所宣說過的。佛在傳授所有初學者如何成為一位菩薩，如何實踐菩提心與空性的智慧。而且，不只是悉達多太子，即便如我們這樣的平凡眾生，都是可以證得菩薩位的。

所以，《金剛經》說：「正等佛善護念其眷屬諸菩薩摩訶薩希有，世尊善付囑諸菩薩」，這幾句話，相當於在傳授菩薩戒儀軌中的「不欲中斷佛種性耶？」，所謂的佛種性，就是跟隨佛法並且持守正法，也就是執持佛陀教法者，即佛之代表。

這就是經典中所教授的內容。這個問題，很清楚地顯示，在大乘佛教中，並不是只能有一位菩薩，可以有許多位。

發起兩種菩提心，是最重要的

那麼，我們要如何做到那樣，成為菩薩？首先，是接受有關菩提心的教授，然後，即使以往不曾做過，現在，你要試著產生這種菩提心。

就是這樣，對於初發心菩薩，菩提心還沒生起的，要讓它真實生起；已經生起殊勝的菩提心的，還要依六度波羅蜜修行，讓世俗菩提心愈來愈圓滿；最後，讓自心生起勝義菩提心。等到登初地，成為菩薩摩訶薩後，還要繼續為獲得佛果位而修行，這樣，就可稱為佛的心傳弟子了。

總的來說，聲聞乘的阿羅漢們也可稱為佛子，但佛最親近的佛子還是菩薩。菩薩們是佛託付圓滿教法的持教者，在這些教法裡，「般若波羅蜜多」、渡脫到彼岸的智慧，應該是佛託付給菩薩最主要教法了。

《金剛經》的結構和宣說方式

《金剛經》裡有一品叫〈完全託付品〉，其中講到，「善付囑諸菩薩，稀有薄伽梵！稀有善逝！」世尊的所化機（所度化的弟子）可經修菩薩道而現證四身果位，菩薩道就是佛指引我們成辦佛果的方便法門。

現在講說正文，分為三階段：

一、勝解行地：凡夫修行人從生起菩提心，次第經由資糧道、加行道三個階段來達到勝解行地。

二、增上意樂地：指的是從一至十地的菩薩，包含見道與修道的歷程。

三、佛果：最後就是佛果位。

但是在宣說時，是按般若經的「顯義空性」與「隱義現觀」的兩個次第。但與空基有法（空掉真實性的基礎）結合時，則直接講現觀的次第：

第一種是「明說」的教授，直接說明的教授，教導的是空性，或是勝義諦；

第二種是「隱示」的教授，隱示的部分，則是對這些修行者或菩薩，以空性為主題，宣說心靈上的領會，傳統上稱為「現觀」。

因此，當你研讀印度善知識們所造的釋論時，它們可以分為兩種：

第一種，是解說經典當中「直接明說」內容的釋論；

第二種，則是對於經中「含蓄隱義」內容的釋論。

明說與隱示：兩種解經的傳統

在詮釋「般若波羅蜜多」經義的釋論方面，尤其是對「直接明說」與「含蓄隱示」兩種教法提出解釋的宗師眾多，歷史上留下不少論著，其中最著名的，是歷史上有記載的大乘教法兩大軌轍宗師：「深觀派」中觀宗龍樹菩薩與「廣行派」唯識宗彌勒菩薩。有人說，在詮釋「般若經」義上，明說空性的部分是龍樹菩薩，隱示現觀的部分則是彌勒菩薩。

就觀點來說，闡明細微緣起的中觀思想，有龍樹菩薩為先驅；至於奠定唯識觀點，有無著菩薩為祖師。唯識見解，是在佛陀的年代就已經存在的。根據唯識宗說法，佛所傳授的《解深密經》與《楞伽經》，都是教導空性的經典。然而，是無著菩薩強化了唯識的空性見解，提出「二取空」的空性見，將其具體化為離二元、就是超越客體與主體的空性。

所以，我們看到了經典裡有明說與隱示兩種教法。《金剛經》這部經典也是直接詮釋空性的；而一一宣說「所空有法」[4]的時候，自「勝解地」到「果地」都是依次宣說的，而要真實理解經典中隱義部分的教法，也是非常困難的，如果不依據一部具量、真實了解經義的論著，是很難說得精闢的，除非你依靠某些正確無誤的釋論。我曾經讀過一位蒙古學者對《金剛經》所作的科判（樹狀結構）和註解，它是總攝兩位印度善知識，世親論師的《能斷金剛七義廣釋》以及蓮花戒論師的釋論《能斷金剛廣釋》，以它們為依據而寫成，我覺得很好。

所以，我們為什麼說空性和菩提心是經典裡明確的教法呢？那是因為在讀經時，你看到的直接內容，或者是表面的內容，總是有關空性的教導，這就是「明說空性」的部分；之後，在以空性為主題或基礎的討論中，才發現佛提到了菩薩道，和菩薩果位，這則是「隱示現觀」的部分。

4 編註：所空有法，指以空性這個主題作延伸的討論時，引出隱含在「明說空性」這個主題下的相關教法。

第六章

自己先解脫，才能讓別人解脫

世尊開示涅槃法門之前，就已經證悟了。
自己要先證悟，才能向別人宣說。

菩薩從何做起？

爾時，世尊告具壽善現曰：「善哉！善哉！善現！如是，如是，如汝所說，乃至如來應正等覺，能以最勝攝受，攝受諸菩薩摩訶薩，乃至如來應正等覺，能以最勝付囑，付囑諸菩薩摩訶薩，是故，善現！汝應諦聽，極善作意。吾當為汝分別解說，諸有發趣菩薩乘者，應如是住，如是修行，如是攝

伏其心。」

具壽善現白佛言：「如是，世尊！願樂欲聞。」（藏傳版）

佛言：「善哉，善哉。須菩提！如汝所說：如來善護念諸菩薩，善付囑諸菩薩，汝今諦聽！當為汝說：善男子、善女人，發阿耨多羅三藐三菩提心，應如是住，如是降伏其心。」

「唯然。世尊！願樂欲聞。」（漢傳版）

首先說明一位進入菩薩乘的行者，應該如何正確的持守，一位現在已經進入菩薩乘的修行者，應該如何持守？這可以從幾方面來理解：

如是安住：

如何生起趨向證悟之心，生起菩提心，然後進入前兩項菩薩道──資糧道與加行道。另一種的理解方式，是一位行者應該如何遵循上師的指導，說明對上師的虔敬心。

如是修行：

第二部分談到如何修行，實際上說的是已經進入前兩道──資糧道與加行道的修行者，如何提升自己的心靈領會到「見」道，也就是第一個菩薩地。要達成這個目標，必須藉由提昇專注空性的「觀」（慧）的力量。

如是降伏其心：

接下來，第三個問題是如何管理自己的心。這裡是長者請教佛，要如何消除要成就資糧道、加行道以及見道這三種修行道上，可能出現的障礙。

在中文，有一句偈頌是佛弟子每天早上都要持誦的：

願消三障諸煩惱，願得智慧真明瞭，
普願罪障悉消除，世世常行菩薩道。

第一句「**願消三障**[1]**諸煩惱**」，點出了一切修行的目標。第二句「**願得智慧真明瞭**」，提到時時刻刻展現的智慧。第三句「**普願罪障悉消除**」指的是如何藉由空性智慧消除三毒。至於第四句「**世世常行菩薩道**」，則是在講如何行菩薩道，則需要修持菩提心。然後，為了要圓滿成就證悟之道，必須消融我執，必須放下獲得證悟之路上出現的各種障礙，希望藉助行菩薩行，使這種空性見轉變成菩提道，願消除在修持悲智雙運之道時所遇到的內外障礙。

1 編註：三障，一般指障礙成佛的三種障礙：煩惱障、所知障和習氣障，發大乘心凡夫斷五毒所成「煩惱障」且現見空性者，則證初地見道位；見道和修道位菩薩，由粗而細次第而斷各種空性障「所知障」，煩惱、所知二障皆斷則成佛；「習氣障」則如香水瓶，香水已盡，而瓶有餘香，指微細的所知障。三障也指障礙凡夫修行佛法的三種障礙：業障、報障和煩惱障，業障狹義而言指工作狀態障礙修行，報障指六道身體與環境的苦報障礙修行，以上是指外因緣；煩惱障則是指五毒的內因緣障礙修行。

讓自己證悟，也幫大家都證悟

佛言：「善現！諸有發趣菩薩乘者，應當發起如是之心，所有諸有情，有情攝所攝，若卵生、若胎生、若濕生、若化生，若有色、若無色、若有想、若無想、若非有想非無想，乃至有情界施設所施設，我皆令入無餘涅槃而滅度之。如是一切，我當皆令於無餘依妙涅槃界而般涅槃，雖度如是無量有情令滅度已，而無有情得滅度者。何以故？善現！若諸菩薩摩訶薩有情想轉，不應說名菩薩摩訶薩，所以者何？善現！若諸菩薩摩訶薩不應說言有情想轉，如是命者想、士夫想、補特伽羅想、意生想、摩納婆想、作者想、受者想轉，當知亦爾。何以故？善現！無有少法，名為發趣菩薩乘者。」（藏傳版）

佛告須菩提：「諸菩薩摩訶薩應如是降伏其心！所有一切眾生之類：若卵生、若胎生、若濕生、若化生；若有色、若無色；若有想、若無想、若非有想非無想，我皆令入無餘涅槃而滅度之。如是滅度無量無 數無邊眾生，實無眾生得滅度者。何以故？須菩提！若菩薩有我相、人相、眾生相、壽者相，即非菩薩。」（漢傳版）

佛陀回答須菩提的問題時說到了發心。發心包含發心後如何進入行持，還有異端的破除法，至於世俗菩提心和勝義菩提心，應該是以直接和間接兩種詮釋方法來宣講的。佛言：「善現！諸有發趣菩薩乘者，應當發起如是之心。所有諸有情，有情攝所攝。」此處說的是心識上的「盡所有性」2。「若卵生、若胎生、若濕生、若化生，若有色、若無色、若有想、若無想、若非有想非無想，乃至有情界施設所施設。」「乃至有情界施設所施設」僅指安立而已，這句話的用意是什麼呢？沒有不「依他而安立」（世間一切現象沒有不互相依存而成立的），也沒有「依他而施設的境」能夠自成就者（也沒有依緣而生、相互依存的事物，能夠只靠自己而成就），眾生也不例外。有是的的確確有的，但觀待皆是施設而有，不因境自成就才是中觀的宗旨。

「所有諸有情，有情攝所攝，若卵生、若胎生、若濕生、若化生，若有色、若無色、若有想、若無想、若非有想非無想，乃至有情界施設所施設，我皆令入無餘涅槃而滅度之。」這一句是說明生起覺悟之心與菩提心的需要，主要是為了利益其他的眾生有情。

我願「涅槃」是指世俗菩提心；「我皆令入無餘涅槃而滅度之。如是一切，我當皆令於無餘依妙涅槃界而般涅槃」是指熏習希求究竟遍知果位的他利希求心。

在談利他心的必要之餘，這裡也談到了如果想讓他人解脫到涅槃境界，自己必須先證涅槃。就像《文殊真實名經》「如其所說而依行」說的那樣，要以身作則，自證涅槃在先。即使是一般凡夫也應該如此。世尊開示證得無上涅槃境界的法門之前，自己就已證得涅槃了。就像龍樹菩薩所說的「自證再及他」。自己首先要有所了證，才能向別人宣說，自己沒有理解清楚，怎麼向別人宣說呢？

2 編註：「盡所有性」指的是世俗諦、世間真理；相對於「如所有性」，是指勝義諦、真如。

自己不清楚是很難向別人解說的，因此可以附帶理解為自利希求心[3]。以上就是兩種稀有發心。

菩薩繞口令：沒有眾生才可度眾生

經文說：「**如是一切，我當皆令於無餘依妙涅槃界而般涅槃，雖度如是無量有情令滅度已，而無有情得滅度者。**」這是在說：以世俗的觀點而言，應該生起「要讓一切有情納入無住涅槃之地，讓眾生皆究竟涅槃」的願心；為了達成此願心，自己必須首先證得勝義菩提心。

但是，這只是「不觀察時」的世俗見[4]，不加思考、不作研究而安立的。雖有假名安立的涅槃果位，已經先證悟涅槃的老師，與某些「特意所化機」（特別要度化攝受的弟子），可是仔細研究時，將什麼也找不到。因此，要有使眾生生起圓滿涅槃的勝義發心，所以談的是空性。眾生被引導而超越了悲傷。雖然悲傷是存在的，然而悲傷的存在，僅止於未經分析的世俗層次。如果你解析它，超越它，如果你分析超越世俗常規之後的世界，將看見那裡沒有任何的東西，沒有有情眾生，什麼都沒有。所以，這是教導我們關於有情眾生的自性空。而有情眾生又是什麼？

3 編註：「自利希求心」是指勝義菩提心，指證悟空性的智慧可以讓自心解脫，這是自利的部分；利他的部分，則是指以六度行持的世俗菩提心。

4 編註：藏傳智者有「不觀察、少分觀察、極度觀察」三種觀察之說，不觀察是依循顯相法則的世俗見，少分觀察是見到本質的空性觀，極度觀察是見到「有顯而空，雖空而顯」的顯空雙融。

人無我：有情非「單一、獨立、恆常」，所以可以成佛

「如是一切，我當皆令於無餘依妙涅槃界而般涅槃，雖度如是無量有情令滅度已，而無有情得滅度者。」這裡所宣示的是：我們所尋求的「無住涅槃」，能幫助「如虛空般遍滿的芸芸眾生」究竟解脫——然而如果我們執著這些為真實，便無法改變自己；若無法改變自己，便無法改變內心處在「不淨地」的眾生，轉而安住於「清淨地」，就如我們在之前所講的，如果「我」是「單一、不變、主宰（獨立）」的，那它就是無法改變的，在「不淨地」時的我無法成佛，因為它是無法改變的；要可以改變，輪迴中的眾生最終才可以達到佛果位——因為可以改變，是因緣的功用。因為有因緣的功用，才可證得道果地。

先前我們說，如果「自我」真實存在，那麼它應該是「恆常、單一、獨立」的；同樣的道理，如果有情眾生真實存在，也應該是「單一、獨立、恆常」的。如果是這樣，我們就不能設想眾生能超越了輪迴的悲傷，因為定義為「獨立」的事物，應當完全獨立於其他事物的影響或仰賴。如果情況是那樣的話，如果事物是獨立存在的，那麼從原因與條件，也就是因緣上，我們就無法改變已經存在的事物。如果是這樣，那麼我們稱為受到染污的有情眾生，或是如果有情眾生獨立地存在，那麼因緣是不能對他們造成任何改變的。如果是這樣，那麼不論這些眾生有情付出多少的努力修行，他們是無法因為修行的因緣而改變的；如果真是如此，那麼，這些有情眾生，在任何時候都不可能成就佛的果位。

然而，如果你假定眾生有情並非獨立地存在，那麼我們就能看到改變發生的可能性。因為，倘若

有情眾生仰賴其他因素而存在，那麼，這些其他因素，就有能力對這個客體造成改變。如果是這樣，假設我們讓這些其他因素發生變化，比方說心靈修行這一類的改變，那麼，有情眾生就可能被改變，獲得證悟，或是成就佛的果位。

所謂的「菩薩」是希求究竟二利之佛果位者，是個能夠善巧的成辦佛果位的智者。如果某人對於「我」有所執著，執著於「我」有（實存的）自性，那麼，這位菩薩並不是善巧的，並不具備身為一位善巧菩薩的資格。這裡說的是「無我」。

法無我：了知事物無實存，菩薩仍然要利他

「**何以故？善現！若諸菩薩摩訶薩有情想轉，不應說名菩薩摩訶薩。**」到此之前，是對關於人無我、空性的教導。從這裡開始，是有關現象（法）的無我性、空性的教導。它探討在生起希望證悟之心、希望為了眾生而成佛之後，如何實踐菩薩行。經文接著說，這件事，需要經由我們消除對以包括科學等種種形式所呈現「事物為真實存在」這件事的執著。

至於「**若諸菩薩摩訶薩不應說言有情想轉，如是命者想、士夫想、補特伽羅想、意生想、摩納婆想、作者想、受者想轉，當知亦爾。**」是說明方法與智慧並行的必要。在從事布施之類的修持時，你必須同時覺察事物缺乏真實的存在，必須與理解空性智慧相輔相成。所以，必須是兩者，也就是方便、智慧雙運。接下來「無有少法，名為發趣菩薩乘者。」是兩種無私──現象（法）無我與人無我的教導。

佛教的特色：自淨其意，才是重點

在佛經中，佛說：「**諸惡莫作，眾善奉行，自淨其意，是諸佛教。**」這裡，世尊宣說「諸惡莫作」，意思是我們要摒棄、消除一切形式的惡行，惡行就是有可能會傷害到有情的那些行為。佛接著說「眾善奉行」，這個善行的基本特徵，是利他的一切行為，我們應該要做的，就是這些活動或行為。

接下來另一個問題是，是什麼造成了惡行？而什麼造成了善行？惡行與善行，基本上取決於兩種個別行為造成的結果——如果產生的果，是某種有益的、快樂的事，那麼導致這個結果的原因，就被視為是一件美德或是善行；相反的，如果是引發煩惱、痛苦經驗的事，就被視為惡行。不過，簡單訴諸於行善與摒棄行不善，並不全然只是佛教才有的特色。

世界上主要宗教大概都在講慈悲與忍辱，所以都宣導不傷害他人，提倡利益他人。不只是在講，在我們能親眼看到，不管是基督教徒、伊斯蘭教徒還是其他宗教團體，他們真正在為社會服務，為有困難的人服務。特別是基督教徒，他們不分國界、不分種族地幫助了很多有困難的地方，解決了他們的學習與醫療等困難，這是個非常好的事。因此「眾善奉行」算是佛教與其他宗教共有的特性。

我執：心靈的污染源

所以，現在的問題是：「佛教究竟哪裡與眾不同？」那麼就要指向「自淨其意」這一句了，這是佛教的不共特色。為了要淨化一個人的心，我們必須明白，要先認知未調伏心，並用相應的對治方式使之調伏、斷除。為什麼呢？因為使心不能調伏的根本就是煩惱，而煩惱的根本就是我執，我執有粗分、細分等多種，在此講的是一般的我執。

這些煩惱，都來自執著「我」真實存在。為了摒棄對「我」的執著，必須修習「人無我」的無我智慧。藉由理解與禪修無我智慧，這顆心才有可能逐漸被調伏、被淨化。那麼，我們要如何獲得這種無我的智慧？

為了理解「人無我」，我們需要對於以體會以「人無我」為基礎的「緣起觀」有適當認識。在這裡，「緣起性空」[5]的見地有細分和粗分的不同，如果依照粗分的緣起，就要修無我觀對治我執，從而逐漸地滌除眾煩惱，也就是所謂的完全調伏自己的內心。

對於無我的理解，在大乘佛教以及上座部佛教是共同的。然而，我們應該謹記在心的，是許多難以駕馭或不受控制的心靈狀態，其實是由於以自我為中心（利己主義）而引發的。為了對治這種自我中心，修行人以「修無我的智慧，達到調伏內心」，是大小乘的共同修持方式；而另一種方法就是修利他的菩提心，慢慢的將唯我獨尊的自利心態放下。

之所以要放下，就是因為太多的惡業源自於過度以自我為中心，忽視他人的存在。就像十不善業，

5 編註：緣起性空，意思是「所有因緣和合而生或顯現的事物，本質都是空性的」。

就是這樣產生的。還有因為無視於別人的利益，才會有殺生、偷盜、邪淫和強暴、欺誑、兩舌、惡語、乃至於綺語，都與此息息相關，貪心和瞋心就更不用說了。除了邪見有不同的詮釋方法，多數不善業都與自利的心有關。所以執著有我的執實想法，和自利的私心才是罪魁禍首。

自利的私心最強有力的對治就是利他的菩提心，所以我們要修無我的智慧對治我執，修利他的菩提心對治自利的私心。以這樣的方式去調伏內心，大乘的殊勝就在於此。

就藥方來說，我們看到這兩帖對治方法，一帖是智慧面，另一帖是方法面。也就是我們是藉由智慧面，對無我智慧的理解，來消除這顆執著於「我」的心；然後藉由方法面，也就是修習利他的菩提心，來消融自我中心。以培養菩提心、培養看待他人、或珍愛他人勝於自己的心態來消融自我中心，成為大乘佛教獨一無二的特質。

三寶：我執的清潔劑

為了降伏這種心不受控制的狀態，為了降伏這顆我執與我愛的心，因此所培養的方法與智慧，就是我們所知道的佛法。這就是第四句偈子「是諸佛教」的涵義。

因此，從這裡，我們知道僅僅只是奉行十善業、摒棄十不善業，並不是佛教特有的。讓佛教如此與眾不同的，其實是培養對於無我的理解。正是基於這樣的基礎，我們皈依法——它被理解為對無我的認識。我們應該要知道，法是由什麼所組成？法就是涅槃，就是息滅苦集二諦的涅槃，從各種煩惱的情緒中解脫。因此，不先了悟寂靜法界性，很難在內心生起欲證得法寶之心。所以要在心中呈現出「苦集寂靜法界性」，就是「滅諦」的信心，還要生起欲求它的心態，有了生起欲求它的心態，才會敬奉它，這就是「皈依法」。

因此我們要先了悟佛法實際的特點，於是對無錯謬地宣說「何者當取，何者當捨」的無上導師，會生起真實的信心，我們立志成為這樣一位導師的隨行者，這就是「皈依佛」。

至於聖者僧伽，則要把他們當成自己解脫最好的助伴，而且皈依他，這就是「皈依僧」。我們要如此去皈依佛、法、僧三寶。

我們必須具備這種思維，這時最主要還是得瞭解滅、道二諦的正法，並且皈依於它。經典中宣說，這就是佛法。佛陀所說的經文，以大乘的經典而言，有十二部或九部，以大小乘共同的理論而言是包含在三藏佛典：經（Sutra）、律（Vinaya）、論（Abhidharma）之中。由於「所詮」有戒定慧三學，才有「能詮」的經律論三藏，其中有很多律部的經典。在我們的大藏經裡就有《律部四記》大約十二、三函，我們藏傳所擁有的經典，大部份是依據說一切有部和梵文的別解脫經，還有其他許多來自不同戒律系統的釋論，分別為印度的各種傳承所依循，所以律部的詮釋也有稍微的差別。說到經藏，說的是禪定；至於論藏，宣說的是智慧。這裡所指的智慧，主要是無我見的智慧。論有上、下兩部。般若經典，包括《金剛經》，屬於論藏。

教法五種傳授方式

有關這些教法如何傳授，有五種不同方式：

第一種「口傳」：是單純給予法本口傳。

第二種「口傳引導」：除了單純法本口傳，同時做一些說明。

第三種「教授引導」：是沒有口傳，但加上註解一起傳授。

第四種「體驗引導」：這種方式，是大家所熟知的師長的經驗傳授。經驗傳授就是上師直接傳授修持經驗，弟子依上師的傳授修行幾個星期或幾個月。如此，即使沒有「證悟」、心中沒有證得真理的經驗，也必須得到一些「覺受」、精進的體驗後，如此再傳授下一個口訣，這樣的傳授方法稱為以經驗傳授。

第五種「體證引導」：這是一種經驗的傳授。師長給弟子一段簡短解釋，然後，弟子在聽聞後，根據傳授的主題禪修，經由禪修獲得某種領會，之後，師長再進行下一個主題的傳授。

一定要有口傳、教授嗎？

關於口傳，《甘珠爾》（佛說經藏）與《丹珠爾》（菩薩論藏）裡，也分為「需要口傳」的密續傳承與「不需要口傳」的經教傳承兩類。《甘珠爾》裡，除了大部份的密續經典需要口傳以外，其餘都不需要。但是佛陀在古代印度宣說教法時，並沒有講需要口傳與不需要口傳之分。在龍樹菩薩師徒時代也應該一樣的，當時沒有要口傳的說法，口傳是後來在西藏形成的傳統。

有些人對於「口傳」這件事，抱持非常嚴謹的態度。他們認為，我們必須仔細研讀經論寫下的每一個字；假使因為口傳這個傳統不再存在，導致讀誦這些珍貴的法典時不怎麼用心，對行者來說，將是極大的損失。然而，即使是某部沒有口傳、教授的法本，只要我們能將這些印度善知識所作的珍貴論述做最好的運用，這樣是更有意義的。

修持口訣的傳授是最重要的根本，但還需要一些教授，教授分很多種。至於有了口傳和教授，可不可以沒有口訣，基本上各有說法，但是我覺得應該是在有口訣的傳承基礎上再加以教授，才叫「口訣教授」；如果沒有口訣，只有教授，那就僅僅只是「教授」了。如果既有口訣，也有傳承，那麼口傳教授不就更殊勝了嗎？然後，所謂的修行教授，是指上師依弟子的根器不同而傳授不同法門。

在諸多般若經中《金剛經》算是純口訣，這次就在純口訣的基礎上再稍作解說，這樣應該可以吧！

關於口傳、教授這件事，我們可以講個故事。當年，龍樹菩薩傳授佛護論師（Buddhapalita）《中觀根本頌》的口傳和教授，但是只給清辯論師（Bhavya）傳授了中觀的口傳，這是為什麼日後佛護論師要駁斥清辯論師所傳授的內容，並非龍樹菩薩親傳的教法。

傳統口傳是要依嚴謹的規則而實行的，當上師要作口傳時，必須要用自己的上師口傳時用的那個版本進行口傳，要非常嚴謹的進行，原版裡有用「×」符號簡寫的部份都要說明清楚。譬如「瑜伽士吾如是行實修，欲得解脫者汝如是修。」這兩句如果簡寫成「瑜伽士吾×」，口傳時也要如此傳受，要非常仔細地按照版本傳授。而且還可以分為「教授口傳」與「讀誦口傳」等不同的方式。龍樹菩薩在傳《中觀六論》時，並沒有對有些弟子作「教授口傳」，但對有些弟子作「讀誦口傳」。

沒有教授傳承，也要把法傳下去

你們有的會想，法王您似乎沒有《金剛經》「教授」的傳承。我（達賴喇嘛）丹增嘉措只是平凡的比丘，只接受了口傳而已，沒有講解、引導的傳承，口傳是從蔣孜曲傑仁波切的座前得到的。我個人是這樣想的：這些佛說經典都是具有加持力的，如果把這些具有加持力的經典，放在一邊，說是沒有教授傳承就不講說了，這樣豈不是很可惜嗎？

在《丹珠爾》中的那些論典，不管有沒有口傳、教授的傳承都要講解，當然最好是要教授傳承，若沒有教授傳承也要講解，才會有論典的作用。不然，只傳授那些有教授傳承的，而把其他的論典都放在一邊的話，那豈不是很可惜？龍樹菩薩師徒等在著作論文時，是為了利益諸多眾生而作的。我們如果不保管好的話，是很令人痛心的。

古代印度那爛陀佛學院裡的那些著作，真的是很有法味的，所以不能僅僅是因為沒有教授傳承的關係，就把它擱置一旁，這是令人痛心的。正因為這樣，我們當中以後會漸漸的會出現既懂中文、也懂藏文的人，如果在我們藏文中沒有而漢文中有的佛經，要把它翻譯過來；而中文裡沒有、藏文裡有的佛經，也要翻譯過去，這是我們一定要做的。

第七章

善行不著相，福慧不可思量！

帶著菩提心、覺知和三輪體空的了知，從事布施等善行，就是福慧雙修。

善無界限，福德無限

「復次，善現！菩薩摩訶薩不住於事應行布施，都無所住應行布施，不住於色應行布施，不住聲、香、味、觸、法，應行布施，善現！如是菩薩摩訶薩，如不住相想應行布施。何以故？善現！若菩薩摩訶薩都無所住而行布施，其福德聚不可取量。」（藏傳版）

「復次，須菩提！菩薩於法，應無所住，行於布施，所謂不住色布施，不住聲香味觸法布施。須菩提！菩薩應如是布施，不住於相。何以故？若菩薩不住相布施，其福德不可思量。」（漢傳版）

「復次，善現！菩薩摩訶薩不住於事應行布施，都無所住應行布施，不住於色應行布施，不住聲、香、味、觸、法，應行布施，須菩提！如是菩薩摩訶薩，如不住相想應行布施。何以故？須菩提！若菩薩摩訶薩都無所住而行布施，其福德聚不可取量。」這是在宣說些「法無我」，一方面講說以發心修學菩薩行，在講說行佈施的基礎上，這些「相執」（對相的執著）要觀為「無相」，所以詮釋了「法無我」。

然後，「佛告善現：**『若菩薩摩訶薩都無所住而行佈施，其福德聚不可取量。』**」這是在詮釋智慧、方便雙運。「不依三輪[1]行佈施，不依三輪證一切種智」是在講述：如能這樣，就具備了智慧資糧與福德資糧的雙運行。

講到「若菩薩不住相佈施」，是指布施時，不執著布施者、受施者和布施之事三者為實有，這就是「三輪體空」的布施；也就是布施者、受施者和佈施的動作這三者，本質上都是空性的、不是真實存在的，對此能夠了然於心，了知一切事物都是假名安立、被貼上標籤的，緣起而生、但本質是空性，

1 編註：三輪，指不執著「能施」、「所施」與「所施之事」三者實存而行布施。以下「不依三輪證一切種智」亦同，指不執著「能證」、「所證」與「所證之事」三者實存而證一切種智。

能按照它們虛幻的本質加以看待的話，這樣是非常好的。

具備這樣的覺知，以慈心與悲心為根本，為了利他誓願證菩提而作佈施，這樣就能同時集聚兩種資糧——福德資糧與智慧資糧。

這裡所說的智慧資糧，所指的智慧，是能理解布施者、布施以及布施對象這三者，都是緣起所生，缺乏獨立的存在。菩提心就是方法，希望為自己、也為所有的有情眾生而成佛。如此行布施，目的正是引導所有眾生有情，到達最高的覺悟與遍知的境界。

經中說：「**不住相佈施，福德不可思量**」，以智慧而言，就是通達「本質是空性」的性空；以方便而言，就是發起菩提心而作佈施時，所發的心是願眾生得到一切種智[2]而佈施，虛空未盡則善業無窮。

發心越大，功德越大

懷抱這樣的動機，也叫發心或發菩提心。你所做的任何單一德行，就力量而言，將變得無限。世間有不同種類的善行，一是以與福德相應的善行，一是與涅槃相應的善行，要怎麼辨別、區別？

一、**希求今生成就**：就是當你從事任何一件善行，比如布施，如果只是單純以求取更多的個人財富與成功利益為動機、驅策力或目標，因為你渴求經由這個布施行為達到的成就，是如此渺小，這個

2 編註：一切種智，指佛遍知一切的智慧，意指佛能了知聲聞、緣覺的「一切智」及菩薩的「道種智」，故稱「一切種智」。

善行的功德力，也將如此狹小。而且，既然這個善行只是為了今生而發心，一旦今生結束，這整個善業的功德力，也將窮盡。

二、追求個人涅槃：同樣地，如果你行布施的發心，是希望證得阿羅漢或成就涅槃，那麼，在你成就涅槃的瞬間，這個善業的功德力，也就結束。

三、引領有情解脫：如果你做的雖是同樣一件善行，但你的發心是引領所有有情眾生成就最高的覺悟境界，那麼，直到所有有情眾生都成就完全的覺悟或是證得佛果，這個善業的功德力是不會窮盡的。

讓善行的力量極大化

至於發心對象，如果你只是為了個人的利益而行布施，因為你只有一個人，因此，這個行為所產生的善果，將非常微小；反之，如果是為了所有眾生有情的利益而行善、積聚善業，因為發心的目標是有情眾生，而眾生的數目是無限的，所以這個善行所累積的力量，也將無法計量。

在果報上，我們也能看見其中差異。所以，應該努力在結合了菩提心，希望引導所有眾生有情邁向最高覺悟的心態下，力行各種善行。那樣的話，行善所產生的力量，將更加廣大。

因此，佛說：「**善現，菩薩摩訶薩不住於事應行布施，都無所住應行布施，不住於色應行布施**」—（**漢傳版：菩薩於法，應無所住，行於布施，所謂不住色布施**），不要為了個人而行佈施，這樣佈施的所緣（訴求對象）只是自己而已，如果是為了無量眾生行佈施，那樣的佈施的所緣也就是無量的，所以，它們的區別也是非常大的。

同樣，為了證得佛果而行佈施，它的所緣是佛果，所以，這樣的果是非常廣大的。在經典中闡述到，這樣的思維是非常廣大的，果也非常廣大，因此，它的資糧也是無限的。所以，不管我們修怎樣的善行，要堅持發菩提心，讓發心來攝持自己，用發心和祈願來做一些善事，這樣善業會與眾不同，善行的力量會更廣大。

若見「諸相非相」，則見如來

佛告善現：「於汝意云何？東方虛空可取量不？」

善現答言：「不也，世尊！」

「善現！如是南西北方四維上下，周遍十方一切世界，虛空可取量不？」

善現答言：「不也，世尊！」

佛告善現：「於汝意云何？可以諸相具足觀如來不？」

善現答言：「不也，世尊！不應以諸相具足觀於如來，何以故？如來說諸相具足，即非諸相具足。」

說是語已。佛復告長者善現言：「善現！乃至諸相具足皆是虛妄，乃至非相具足，皆非虛妄。如來相好莊嚴無存在。」（藏傳版）

「須菩提！於意云何？東方虛空可思量不？」「不也，世尊！」

「須菩提！南西北方四維上下虛空可思量不？」「不也，世尊！」

「須菩提！菩薩無住相布施，福德亦復如是不可思量。」

「須菩提！菩薩但應如所教住。」

「須菩提！於意云何？可以身相見如來不？」

「不也，世尊！不可以身相得見如來。何以故？如來所說身相，即非身相。」

佛告須菩提：「凡所有相，皆是虛妄。若見諸相非相，則見如來。」（漢傳版）

示現色身，是為了利他

接下來這段，是說明「發菩提心而行菩薩廣大行」之因——希求證菩提之心。世俗上相好莊嚴的色身[3]，主要作為行利他事業的方便。所以，有「希求利他」的心，才有「希

3 編註：色身，此處指佛色身，相對於無相的法身，佛為利他，示現有形相的兩種色身，以能見能聞的身語，示現於所教化攝受的弟子，對登地菩薩眾示現報身，對凡夫眾生示現化身。

求色身」的心，所以世俗上是需要有「希求色身以利他」的心。經典上佛問善現（須菩提）說「**可以諸相具足見如來不？**」，善現回答說：「**不也，世尊。**」這是從勝義的角度講的；而從實有的角度看，是可以看到相好莊嚴的佛色身——這兩者沒有矛盾啊！

當問到人是否能看到如來以完美的外貌（色身）示現，須菩提長老的回答是「不能」。這個答案，是以勝義智慧的觀點作答；否則，以世俗觀點來說，答案當然是肯定的，接著，我們看到佛的三十二相、八十種好，是在描繪佛在利益眾生時莊嚴殊勝的色身特徵。

以世俗的觀點而言，那是如此，但是這裡，善現說：「**不也，世尊！**」，意味著並沒有一個具足三十二相、八十隨形好的佛色身。就文字、或乍看之下，好像是一個否定的答案，但是實際來說，這裡談的是勝義層次的意涵。

為什麼會這麼回答，是因為當我們根據三十二相、八十隨形好的色身看佛時，我們傾向看著、想著在那樣外表下的佛身，這樣，佛似乎具有真實存在的本質；而事實上，這是完全不存在的，所以，在善現回答不該視佛的三十二相為真實存在時，我們要以勝義的觀點，理解他否定佛色身外貌層次的存在。

因為一切都不像所顯現那樣而存在，連圓滿的佛色身也是一樣，所以善現如是思維，「應該以圓滿相看待如來嗎？」，他因此回答佛陀說：「不也，世尊！」如果希求勝義的佛果，就不能只以世俗真實有的觀點看待佛色身，為什麼？因為世尊薄伽梵說「圓滿相乃非圓滿相」（漢傳版：若見諸相非相）。薄伽梵是從因緣和合和相依而存的角度說圓滿相，因為依他而安立，所以本身就沒有獨立的實際存在了。所以佛告訴善現說，「凡圓滿相皆是虛妄。」（漢傳版：凡所有相，皆是虛妄。）

那麼，佛的三十二相，這莊嚴殊勝的三十二相，又是如何存在？因為內在或固有層次的存在被否定，它們的存在，是由於緣起而生。因為純粹依緣起而存在，轉而否定了它們具備獨立自性或固有的存在。所以，這裡的答案，是依內在、或者勝義的層次所得出的回答。

佛的色身，以三十二相為特徵。以勝義的觀點，即使是這三十二相，也不存在。所以解析了這些佛相的勝義本質的心，以那樣的心或是智慧看待時，佛的三十二相，並不存在。所以，從那樣的觀點分析時，佛的三十二相消失，找不到了。這時，我們察覺的是這三十二相的勝義自性。到了那個程度，也就沒有這些圓滿的相，到了那個程度，也就沒有視如來為有相與無相的虛妄了。

諸相非相，佛也一樣

說到不同的事物如何以一種方式顯現，又以另一種形式存在，特別是佛的三十二相、八十隨形好這部分，龍樹菩薩提到了兩種真實：世俗真實和究竟真實。

有關這些不同的形相，如何對其他眾生產生作用、影響並且利益他們，佛在初轉法輪說過，一切的法（現象）是存在的；但在二轉法輪，佛又說一切不存在。所以，從表面上看來，同一位佛，卻傳授我們兩個層面的法：一方面，佛說，在與事物產生深度連結的基礎上，事物的確存在；它們將能利益你，佛的這些特徵將能利益你。然而，當你看到了這些好處，可能會陷入貪愛與堅持它的感受中，對事物產生渴望。為了避免這種複雜的情況，為了防止這種煩惱生起，為了要斷除並且止息我們生起的貪執心，佛又接著告訴我們，這些事物，並不如它們顯現那般地存在。

「**若見諸相非相**」，是說佛「圓滿的三十二相」也並不是真實存在的，因為究竟而言沒有真實存在的圓滿相，呈現在眼前的圓滿相，經過仔細研究、思維後，會發覺根本找不到圓滿相，圓滿相會消失，為什麼呢？因為圓滿相沒有真實存在的本質，因此究竟而言，是找不到真實存在的圓滿相的。「**若見諸相非相，則見如來**」，這些經文的意義，從空性面來看，就什麼都沒有；但以顯現面而言，仍然有世俗顯相——即使是如來的圓滿相，都有這兩種分法。因此龍樹菩薩說：

諸佛說是法，如實依二諦；
先為世俗諦，再示勝義諦。

無論世俗諦或勝義諦，都些是世尊的言教，即使是世俗諦，都有很大的益處，但不能因有很大的益處而執著，所以佛陀在眾生根器成熟之後，再宣說空性。

這兩種真實的見地，外表層次的真實以及深奧層次的真實，也就是世俗與勝義的兩種真實，不只是佛教特有的教授，也在非佛教的論述中，能見到同樣的觀念。在小乘佛教的毗婆沙宗，也提到這個觀念。不過，《般若經》中，對於這兩種真實的教授，與小乘佛教的毗婆沙宗抱持著非常不同的看法。

這兩種真實，以相同的本質、不同的名義被理解。以佛的三十二相、八十隨形好來說，也有兩種真實：第一種真實，表現在表面層次。在表面層次，我們看到佛的三十二相、八十隨形好展現了璀璨的色身；但是，如果你分析佛身這些不同外貌是如何存在的，就會明白，它們純粹是由於緣起而存在。因為理解它們僅僅因為緣起法而存在，駁斥了它們自主存在的看法。因此，「不具備自主存在」，被認為是佛三十二相、八十隨形的究竟本質。同一個事物，有兩個面向的真實：也就是在表面層次上，佛展現了三十二相、八十隨形好，就是佛的三十二相、八十隨形好；然後，以勝義的角度，分析這些特徵的存在模式，我們察覺了它們在「存在自主性」這件事情上的空性，這部分，被認知為是勝義真實。

所以，總而言之，我們知道同一件事物，可以用兩種不同的層次去觀察：一是以未經分析的層次，另一種是以分析、審視的層次：

一、不觀察層次：以未經分析的層次看事物時，我們看到的，是它燦爛、美麗、有吸引力等的表面層次。這就是事物的「世俗真實」。

二、觀察層次：另一種層次，以分析的層次看事物，我們看到的是事物不具備自主存在的本質，這就是「勝義真實」。

所以，同一事物擁有兩種本質，一種是存在於表面層次，另一種是經過更深度分析的層次。前者被認知為暫時的真實，後者才是究竟的真實。

譬如：因為顯現「三十二相、八十種好」，而說就是「相、好」，但其究竟本然應該是什麼樣呢？「相、好」本身也不是真實存在的，而是相依而存的，所以不具有真實存在的本質，就是「相、好」

的究竟本性。

為什麼呢？在不伺察的覺知境中，有「相、好」；但是，更深入的思維什麼是「相、好」的本然時，我們就停步不前了。所以，「相、好」的沒有實存的本質，是探尋其「究竟本然的覺知」所尋得的，而不是僅止於顯現「相、好」表面的覺知，所以就形成了兩種覺知的兩種不同證悟，即伺察和不伺察所得的兩種不同體性，但所觀察的對境卻是完全一樣的顯現境。

此處，我們分析的事物，是佛的三十二相與這三十二相的空性。沒有了佛的三十二相，這三十二相的空性，或者是我們稱為究竟事實的本質，將如何存在？

同一件事物，我們看到兩種景象：一是表面層次的世俗真實，另一種是經過分析、深奧層次的勝義真實。所以，中觀學派對於這兩種事實的看法，與小乘佛教毗婆沙宗的觀點[4]，是非常不同的。

諸相非相，「我」也一樣

關於「我」，也可以用同樣的道理作觀察分析。如果你分析自己是誰、身在何處，只分析這個就好，你會發現兩個層次的「我」：

4 編註：玄奘法師譯《阿毘達磨大毗婆沙論》：「我有二種：一者法我，二者補特伽羅我（人我）。善說法者，唯說實有法我，法性實有，如實見故不名惡見。外道亦說，實有補特伽羅我，補特伽羅非實有性，虛妄見故名為惡見。」毗婆沙宗認為「人我」不存在，但「法我」存在；這不同於大乘認為：勝義諦而言，人我和法我皆非存。

一、不觀察層次：「我」顯現為像是某個控制或統治身心這些聚集（五蘊）的樣子展現，這是一種層次的「我」。

二、觀察層次：然而，如果深度解析，解析這個像是一群聚集（蘊）的組合體的「我」是身在何處的話，經由如此審慎而且極度細密的解析，客觀地了解，是找不到這個「我」的。

於是我們又明白了，有兩種層次的「我」。「我」是存在於兩種層次的兩種真實之中：一種是存在於未經分析的層次，另一種是分析後的層次。在第二種分析後的層次裡，我們看到這個「我」，是找不到的，也無法指認出來，也無法經由超越世俗本質的邊界來縝密解析，就是所謂的「無我」。

所謂的空性是一種內在的本質，如果事物外在的顯相不存在，是不會有所謂的空性本質的，所以外在顯相和內在本質是一體的，空性是真正的本然，從本質中顯現出來的只是顯現境，但不探究思維時會以為它才是本然——這就是「本質相同而顯現不同」的二諦。但這裡的二諦分法，與有部的觀點[5]有所不同。

以這樣觀點來觀察、思考前面所說的「我」，那麼我們會發現，在不伺察的情況所說的「我的覺知」會有什麼樣的顯現？我們會覺得「五蘊」與「對我的覺知」彷彿是被主宰和主宰的關係，如果我們覺得「覺知」主宰「五蘊」，那麼再怎麼探尋，這究竟的「我」的所在，將永遠成為一個謎，因為其實它沒有任何真實存在的依據。這是在沒有觀察思維時會有的情況；如果加以觀察思維的話，就不

5 編註：有部的「二諦」認為，「法我」實存，而「人我」非實存。

會有剛剛說的那種情形：覺得有個「我」主宰五蘊。

同樣的，這樣的道理也要運用在「相、好莊嚴」的觀察和思維上，所謂的本質空性或無我是指什麼呢？

龍樹菩薩的心子聖天菩薩宣說過：

若有從緣成，彼即無自在，
此皆無自在，是故我非有。

這樣的宣說是指：不管任何法若都是依他而產生的，就不在是獨立存在的，就是上面所說的「此皆無自在」，意思是由此所顯現的一切現象，「此皆」這句中的「此」這句是指自己，從自己到所顯現的一切法，都是依他而起的，因此，沒有獨立存在的現象，「獨立存在」就是所謂「實存的我」，所以「此皆無自在」也稱為「此皆無我」，就是：從自己到所顯現的一切法，這一切都沒有真實存在。

第八章

法尚應捨，何況非法？

「就像「上岸之後，要把船放下」一樣，放下經典上的教法，理解義理，把它內化，那就是放下的時機到了。

有一天，珍貴的佛法會消失嗎？

以下的經文中，討論「佛法住世」的時間。

說是語已，具壽善現復白佛言：「世尊！頗有有情於當來世，後時，後分，後五百歲，正法將滅時分轉時，聞說如是色經典句，生實想不？」

佛告善現：「勿作是說，頗有有情於當來世，後時，後分，後五百歲，正法將滅時分轉時，聞說如是色經典句，生實想不？然復，善現！有菩薩摩訶薩於當來世，後時，後分，後五百歲，正法將滅時分轉時，具足尸羅、具德、具慧。復次，善現！彼菩薩摩訶薩，非於一佛所承事供養，非於一佛所種諸善根，然復。善現！彼菩薩摩訶薩於其非一，百、千佛所承事供養，於其非一，百、千佛所種諸善根，乃能聞說如是色經典句，當得一淨信心。善現！如來以其佛智悉已知彼，如來以其佛眼悉已見彼，善現！如來悉已覺彼一切有情，當生無量無數福聚，當攝無量無數福聚。何以故？善現！彼菩薩摩訶薩無我想轉，無有情想，無命者想，無士夫想，無補特伽羅想，無意生想，無摩納婆想，無作者想，無受者想轉。（藏傳版）

須菩提白佛言：「世尊！頗有眾生，得聞如是言說章句，生實信不？」

佛告須菩提：「莫作是說。如來滅後，後五百歲，有持戒修福者，於此章句能生信心，以此為實，當知是人不於一佛二佛三四五佛而種善根，已於無量千萬佛所種諸善根，聞是章句，乃至一念生淨信者，須菩提！如來悉知悉見，是諸眾生得如是無量福德。何以故？是諸眾生無復我相、人相、眾生相、壽者相。（漢傳版）

有關佛法將會住世多久的話題，有各種說法。有些討論，與佛法在印度流傳的時間有關，有時候，它可能是以某一種類的佛法，如以實修體驗的佛法（證法）或經典教理的佛法（教法）之類的，加以討論。然後，經文中提出了這個問題──佛是不是會在那裡？是不是會有像菩薩一樣的老師，在佛法斷滅後出現世間，傳授佛說這種深奧的教法？

佛回答：即使佛法在大體上來說，會有斷滅的時刻，然而世間仍將繼續有菩薩出現，傳授眾生教證二法：經典教理的法以及實修實證的法，尤其是這種高深智慧經典的教法。

不過，在經文這裡，佛提醒我們對於即將出現世間的菩薩，不該視他們為真實的存在，應該視他們的示現如幻相，就獨立存在[1]的角度而言，他們是不存在、無實的。

佛陀教法有怎樣的未來？經典上有不同的詮釋，但為了不同的「所化機」、所要調伏的不同弟子眾，也會暫時性的講述教法、證法及持法。這也出現了不同的時空因緣，有時也可能是為了印度的信徒而講述的。

如今的印度，可以算是一個佛法衰敗的國度，這也為經典上這樣的說法提供了詮釋的理由。一般而言，就如經典中所說的「佛法住世五千年」，而當這住世五千年的末法來臨時，會有宣說如此大乘佛法的行者嗎？佛陀回答說有，最後期間裡也會出現這樣的行者，這是因為過去無量劫當中，曾有聚集廣大資糧的菩薩，所以即使在末法期也會有修學教證教二法，尤其有修習般若法門的行者。那時，會生起無量的福慧資糧並會完全攝持。

1 編註：佛家認為，世間不觀察時以為「單一、獨立、恆常」的實存事物，若加觀察會發覺，一切本質都是「非單一、非獨立、非恆常」，都是非存無我的。對於菩薩，也應如此看待。

我和現象的空性本質

「何以故？善現！彼菩薩摩訶薩無我想轉，無有情想，無命者想，無士夫想，無補特伽羅想，無意生想，無摩納婆想，無作者想，無受者想轉。如摩納婆聞，無法想轉，無非法想轉，無想轉，亦無非想轉，所以者何？善現！若菩薩摩訶薩有法想轉，彼即應有我執、有情執、命者執、補特伽羅等執。」（藏傳版）

「無法相，亦無非法相。何以故？是諸眾生若心取相，則為著我人眾生壽者。」（漢傳版）

為了對治對「我」的貪執，有兩種方法：

一、空：是藉由理解現象或事物的無我本質；

二、悲：是藉由生起珍惜其他有情的心，自然而然降伏對「我」的執著。

然後經典提到了聲聞，這些聲聞行者對於無我、事物缺乏自主存在也有相當的理解。不過，這裡所說的聲聞，對於外在世界的看法，是屬於認為外在世界為恆常存在的那一類。所以就中觀觀點來說，他們不算是真正聽聞佛陀言教的「聲聞」，而是遵循小乘有部（Vaipashikas）與經部（Sautrantikas）認為「法我實存」、外在事物真實存在這個觀點的那種聲聞。

經典說：「**何以故？善現！彼菩薩摩訶薩無我想轉。**」因為這些是菩薩，所以連世俗上也不會有因貪愛自我而引起的我執，所以在宣說「**無我想轉，無有情想**」時，在認知的體性不會顯現執著，所以講到「**無有情想，無命者想，無士夫想，無補特伽羅想。**」諸菩薩摩訶薩也是具有聲聞的觀點者，一般而言，大小乘是以心量來分大小的，所以，即使為了獨自解脫的聲聞、緣覺，也有證悟空性的正見。

然後，佛說，即使區別一個現象為非真實存在，也存在了對「我」、對眾生的執著，所以，這裡甚至是這種不區別、連對於「空性本質的理解」，我們也不該視為真實存在，如果你視那個理解為真實的存在，也有問題。

這段經文所要提醒的對象，是宣說聲聞宗義者的有部與經部二宗派，主要應該是經部，或者是隨教行的有部行者，他們的觀點是「外在現象（法）是真實存在的」，即不承認「法無我」，僅僅承認補特伽羅（人）無我。佛因而在此宣說：「如摩納婆聞，無法想轉」，由於諸菩薩證悟了自性清淨的空性，因此「一切法無法想轉」（應思維一切現象都不是如它們顯現那樣存在），了知一切現象都是無自性的。

這種對於空性的理解是雙重的。這兩種無我「人無我」與「法無我」，佛以勝義的意義解讀，龍樹菩薩也以細微的意義解讀，在其意義的細微處並無不同。更確切地說，兩者的差異，僅僅是在這個「無我」建立的不同基礎上：

一、人（個人）無我：是建立在補特伽羅（人）的基礎上；

二、法（現象）無我：是建立在被某人所使用的現象（法）上。

我們曾經提到「人無我」有不同的層次，不過，談到獲得解脫所需具備的智慧時，我們需要的智慧，必須是最細微形式的人無我。

最細微的「人無我」

那麼，最細微的人無我是什麼樣子呢？是連「我的內在本質是無自性」這件事，都是空性的、非實有的——這種最細微的「人無我」。月稱菩薩在《入中論》中，翔實呈現了這個道理：

無我為度生，由人法分二。

佛陀宣說「無我」是為了解脫眾生，
（因為無我的建立基礎有兩個面向），
所以無我也分為兩種——人無我與現象（法）無我。

月稱菩薩在論中提到：如果有所謂的「我」，應該有「不依他」的本質。那所謂的「無我」是在指什麼呢？就是指凡是「依他起」，就沒有獨立存在的體性。此時我們所講的「我」，不是平時所講

「你我他」的那個「我」，目前我們所講的我、無我，是指具有「不依他而獨立存在」這樣體性的個人與事物，如果沒有這樣的體性，也就沒有我，這是包括「法無我」與「補特伽羅（人）無我」中的無我，依此，這裡講的「無如來相好莊嚴」，指的就是這個道理，「相好莊嚴」並沒有實存的體性，並沒有獨立存在的本質，在相好莊嚴上安立兩種體性，分別是勝義的體性與世俗的體性。

所謂「無我」，就是並非「自主成立」。龍樹菩薩的《七十空性論》裡，對什麼是「自主」作了說明：

因緣所生法，分別為真實，佛說為無明。

「因緣所生法」是說萬法依因緣而生，若依因緣而生的任何一法（現象）「分別為真實」，因為概念造作、妄念分別而以為它們是真實的，則這個真實或本質真實存在的觀點，就是「實執」。依因緣而生的事物，如果觀為不依他法而成立，自主，不依他法就有單一、主宰、恆常的我——這樣認有我的覺知，就稱為無明。佛稱這種現象為無明！因此，在我們的心中呈現的現象是什麼樣的，譬如，你們看著我時，心中就會呈現一個「似乎真實存在的達賴喇嘛」，我的心中也會認為前方的你們是真實存在——如果把這樣的顯現當真了，就是要破除的，如果心中顯現的都是真實存在，那麼應該找得到，但仔細查找卻找不到！

接下來佛又宣說了「無法想轉，無非法想轉」，要知道這是以勝義而言，並不是看字面。「諸法皆空」這句的意思並不相同於順世派所說的「沒有前世、來生」，只是所說的字詞有些相似罷了。「亦無想轉，無非想轉」。不是說世俗上沒有前世來生的存在，「無想轉，亦無非想轉」在心中證悟的勝義之根本定中無所想、遮蔽所有戲論的顯現，但並非「無相定」。這就是「無想轉，亦無非想轉」為什麼？

現象存在感，會引發個人存在感

接著佛說：「**善現，若菩薩摩訶薩有法想轉，彼即應有我執、有情執、命者執、補特伽羅等執。**」這段經文述說了法無我和人無我兩種無我。這裡說的人無我，是薄伽梵與龍樹菩薩詮釋不共的密意時所說，兩種無我在義理上沒有任何的粗細之分：所謂的人無我，是補特伽羅（個人）自性之空；所謂的法無我，就是各種現象自性之空。

執著於造成輪迴的「我」，是對「我」為固有存在的一種執著，而為了消除這種執著，我們需要以空性為背景，去理解人無我。《心經》說：「**照見五蘊皆空**」，即使是五蘊，也缺乏固有的存在。照見五蘊皆空，指的是不僅僅是人不具有固有的存在，連五蘊也不具有固有的存在。而佛教的下部宗派[2]相信，在人缺乏實質存在的同時，人類存在的基本要素，也就是各種聚集的現象，它們是以實質

[2] 編註：下部宗派，指經部和有部。傳統佛說四部宗義是有部、經部、唯識、中觀，「下部」是相對於大乘的唯識和中觀而言。

的實體或固有的存在形式而存在。

龍樹菩薩在《中觀寶鬘論》（Precious Garland）中提到：

若時有蘊執，彼即有我執。

當你對各種元素組合的身體產生執取，覺得它們是真的；那時你就會對所謂的「我」產生執著，覺得它是真的。

只要你對聚集的現象具有「固有存在的本質」有所執著，就無法理解人無我說的；為了認識人無我，你必須要能了解「現象無我」（法無我）的這種細微空性。

以阿難為例，如果你看一看「人我」是如何在我們面前展現，名叫阿難的那位男性是如何顯現在你的面前？首先，你會看到他身體這些聚合要素（蘊）這些（物質性）的顯現，你看見了阿難的身體外表；接著你開始看到構成阿難的這些聚合要素，似乎「固有、客觀、自主」地存在。

不只是看見，接著，你開始執著它是真實存在的。因為執著於這些聚合要素的固有本質，你朝向將阿難視為一個生來就存在的人——這就是現象自性有的執著，引發個人自性有的執著。總而言之，對「我是固有存在」（人我）的執著，是由於對「現象擁有固有存在」（法我）的這種執著所引起。

法尚應捨，何況非法？

「若時有蘊執，彼即有我執，有情執，命者執，補特伽羅等執。若有非法想轉，彼亦應有我執，有情執，命者執，補特伽羅等執。何以故？善現！不應取法，不應取非法，是故如來密意而說筏喻法門，諸有智者，法尚應斷，何況非法？」（藏傳版）

「若取法相，即著我人眾生壽者。何以故？若取非法相，即著我人眾生壽者，是故不應取法，不應取非法。以是義故，如來常說：汝等比丘，知我說法，如筏喻者，法尚應捨，何況非法？」（漢傳版）

連空性也是空性的

接下來要說的，是也許你認為這種對「我」與現象都不是真實存在的空性，是如此珍貴，因而你感到如此相應、並且執著於這種智慧——同樣的，這也是一種缺失。你有可能開始認為這個究竟的真實、或者對於固有存在的空性，是的的確確存在的——而這正是唯識派傾向的論點，他們認為「圓成實性」是真實存在。

同樣地，當你嘗試在現象與人的空性本質上禪修時，我們傾向對空性產生一個堅實的形相，然後開始認為：雖然「我」與人都不是真實、堅實地存在，但是這種「我」與現象的空性本質，卻真實存在。

如果我們忘了「連空性也是空性的」，對「執空性為自性有」這一點沒有警覺性，沒有以強烈的定解來破除細微的對「空性」的執實想，那麼一講到空性，我們就會覺得空性無始以來就是諸法的本質或是諸法的本性。

這麼一來，就無法理解、辨識這種空性，也是純粹名義上存在、僅僅是假名安立。為了避免這種混亂，釋迦牟尼佛在傳授空性的廣泛教法時，特別提到了十六種分類的空性「十六空」，正是為了確保我們釐清，避免產生這種極端、堅持空性為獨立、真實的存在。

所以佛陀仔細的講「法無我」分類時，講到外空、內空、內外空、空空以及勝義空，這些除了講空性有哪些面向，更是在強調「空是空」（連空性也是空性的）的道理。因此，這裡經文說：「若有非法想轉，彼亦應有我執」，這句話所講的意思也是如此，就是這樣。再細分下去就有空空、外空、內空、內外皆空，都是「以空為所空境」，再次提醒「空性也是空性的」，這就是「法無我」所謂的勝義空等認證空性的法門。

以上就是在避免我們落入「趨入法之無我，猶執此為彼之我。」能夠如此思維，就經上如來所教導的：「**知諸法蘊猶如舟乘者，盡斷諸法，況乃非法。**」

意思是說，我們應像「上岸之後放下船」一樣的，放下經典上的教法，要理解義理，將其內化，那就是放下的時機到了。

有勝義的皈依處嗎？

佛復告具壽善現言：「善現！於汝意云何？頗有少法如來應正等覺，證得阿耨多羅三藐三菩提耶？頗有少法如來應正等覺是所說耶？」善現答言：「世尊！如我解佛所說義者，無有少法如來應正等覺，證得阿耨多羅三藐三菩提；亦無有少法是如來應正等覺所說。何以故？世尊！如來應正等覺所證、所說、所思惟法，皆不可取、不可宣說、非法、非非法。何以故？以諸賢聖補特伽羅，皆是無為之所顯故。」（藏傳版）

「須菩提！於意云何？如來得阿耨多羅三藐三菩提耶？如來有所說法耶？」須菩提言：「如我解佛所說義，無有定法名阿耨多羅三藐三菩提，亦無有定法，如來可說。何以故？如來所說法，皆不可取、不可說、非法、非非法。所以者何？一切賢聖，皆以無為法而有差別。」（漢傳版）

這裡，提出了另一個問題：在勝義的意義中，是否其實並沒有勝義處的皈依？假使從經典的意義來看佛法，在我們領會法的義理後，就應該放下它，然而經中接著告訴我們，的確有三皈依處。勝義處的皈依，是佛的法身；以這個法身為真實法的基礎上，我們有了以色身暫時示現的佛；然後有了修行者，或是被賦予了這些資格而身為僧眾的眾生。所以，即使在皈依的勝義意義上，我們的確擁有這三種皈依處。

如果有人因為佛陀「法當應捨，何況非法」的提醒，而問說：「難道究竟而言沒有三寶了嗎？」我們會說：有的，正如《寶性論》所說：

為斷欺誑有為法，無有亦具毀滅性，
諸法之二聖資糧，非為究竟皈依處；
最上利益眾生者，唯有世尊如來佛，
能仁乃是法身具，故能成就上功德。

為了斷除眾生被因緣和合的現象所矇騙，（佛因而宣說了空性；）
（然而如果偏執另一邊，離開了實有邊，）
卻執著空無邊的斷滅法，這也是不行的。
福德資糧和智慧資糧，都不是有情究竟的皈依處，
對眾生具有最大利益的，唯有世尊佛陀，
能仁釋迦牟尼佛具足法身，所以成就無上功德，
（他既是佛寶；究竟成就一切法，所以也是法寶；

是行者法道上最殊勝的助伴，所以也是「僧寶」聖賢僧；所以佛陀即是最究竟的皈依處。）[3]

究竟的皈依處，就是指法身果位，「**能仁乃是法身具，故能成就上功德。**」因此能成就法身的能仁佛陀，就是究竟的佛寶；因為能登至佛地，已具法寶相，所以世尊也是究竟的法寶；「**故能成就上功德**」，也是指也有無學道的聖僧——所以，世尊佛陀即總攝了究竟的三寶。然而即使的確有「究竟皈依處」，也並不與「三寶非世間真實存在」的觀點，有任何矛盾。

3 編註：本段白話偈頌，括弧中是編者依尊者解釋所加。

第九章

應無所住，而生其心

不住色聲香味觸法，而廣行一切善行者，能累積最不可思議的廣大功德。

勝義與世俗，兩種真實的試紙

接下來要討論經文的主要精髓，是我們有必要在事物如何在「就世俗意義而言存在」與「就勝義意義而言不存在」這兩者之間，做出區別。換句話說，我們要在兩種存在模式——勝義模式的存在與世俗模式的存在間，對事物做出分別。

最後，是明辨事物的存在基礎，取決於它是否符合這三項特質：

第一、討論的事物必須為「世俗的心」所接納；

第二、這事物的存在，不應該被解析「世俗本質」的量心[1]所否定；

第三、它不應該被解析「勝義本質」的量心所否定[2]。

舉例來說，有些絕對論者相信固有本質的存在，基於這樣的哲學觀，他們必須主張有些「實際不存在的現象為存在」。所以，只有以「不符合上述第三項特徵」為理由，來駁斥這些人。

總之，我們必須明白，所有存在的事物，它們存在的方式，純粹是在世俗的本質、世俗的層面上。至於如何辨別某件事物是依世俗真實存在，要依它是否符合上述三項特徵來評斷。

夢中人

我們以「夢中人」為例子，來看看這三項特徵：

一、「夢中人，不是真人」：世俗觀點

在某些時候，你也許會看到某個符合第一項特徵的事物。比如做夢，夢境中有一個人，是一個夢，

1 編註：量心，指真實正確的認知。此處指觀察事物「世俗本質」的正確認知。

2 編註：解析勝義本質的量心，指的是觀察事物的「勝義本質」是非存的正確認知。

有個人在夢中。夢中我們注意到這個人，但是他是一個出現在夢中的人。在夢中，這個人看起來像是真實的人，然而，當你醒來，你將明白夢境中的人，並不是真實的人。

這個夢境中的人，被一顆解析世俗的量心所否決，所以是一顆解析世俗的量心否定了「夢中人是真實存在的人」，所以我們說，因為不符合三項特徵中的任何一項，即使是以世俗的意義來說，這個「夢境中的人」仍被定義為「不存在的事物」。

二、「清醒時遇到的，才是真人」：世俗真理

不過，在你清醒時遇到的真人，這個解析世俗的心，就無法加以否定；所以，它符合了全部三項特徵。因此我們做出區別：夢境中的人，並不是真實的人；現實中的人，才是真實的人。

三、「清醒時遇到的真人，本質上並不實存」：勝義真理

然後，可能也會有些符合前兩項特徵，但是不符合第三項特徵的現象。最主要的是這個「清醒時遇到的真人」，存在於世俗，不存在於勝義。中觀論者都異口同聲的主張說「萬法不存在於勝義，而存在於世俗」[3]。

如果一件事物，它符合世俗公認的眼光，也不違背「名言量識」、世俗諦的真理，也擁有一些世俗的功用和意義——它就符合了前兩項特徵。

如果一件事物，在實有論者的眼裡，是件真實存在的事物，他們肯定事物有個客觀存在的「事

3 編註：中觀可細分自續與應成二派：自續派認為事物世俗上有名言假立的存在，而勝義上無實存；但應成派認為事物不只是勝義上無實存，連世俗上都沒有假名安立的存在。

相」；但仔細觀察，另外一些學派會發現這些事物的特性「性相」和命名「名相」，都是假名安立的——所以這些實有論，即使沒有違背「名言量」、世俗的真理，也有違背「妙觀勝義量」、究竟的真理。

如果一件事物，它既被世俗公認的觀點所接受（第一項特徵），也沒有違背「名言量」、不違背析察世俗本質的正確認知（第二項特徵），也沒有違背「妙觀勝義量」、不違背析察勝義本質的正確認知（第三項特徵）——有了這三種量，我們就說它在世俗諦上是真實存在的。

有些事物，在世俗上的假名安立是有的；但即使是在世俗上公認是存在的，因為概念造作的分別，而違背了世俗真理「名言量識」的話，我們也不能說它在世俗上是真實的存在。例如「夢中遇到的人」，在做夢時那個覺知，是否世俗公認大家都有這樣的覺知？或者「做夢時遇到的人，不是真人」，是否是違反了「名言量識」世俗真理？不知道自己在作夢，不算是違背「名言量識」，也沒有違背如勝義等其他的量，這倒是真確的。

阿賴耶識存在嗎？

所謂「不違背勝義諦的真理」，唯識宗認為，如果「身體」等於「人」，當你解析身體諸蘊的聚合時，這個「我」必須能以一個實質的個體被找到，事實上是找不到的，所以唯識宗認為有心識才算人；然後他們又發現，要假定心的相續、心識就是「人」，也是困難的：如果說「有心識」就是「人」，那麼在沒有心識活動時，人就不存在了，那麼當聖人在無念的甚深禪定時，在上述那樣的定義裡，不就很難算是個「人」？

最後，他們引導出「阿賴耶識」這樣的假設。精確地說，阿賴耶識是所有意識的基礎，是一個非常獨立，有別於與心理意識的思維。唯識宗指出阿賴耶識，或者稱作所有心理意識的基礎，就是一個實質的人，或是「以實質本性存在的人」這樣的例子。

不過，如果你仔細分析這件事，會發現唯識宗是在相信事物應該是在本質上、或與生俱來存在的這種基礎上，假定阿賴耶識這樣的概念。

所以，當你否決，當你明白並沒有所謂與生俱來的存在，這種存在已經被第三項特徵所否定，簡言之就是不符合第三項特徵，因為這樣，甚至是阿賴耶識的存在，也可以被否定。所以阿賴耶識雖然不違背「名言量識」世俗真理，但是違反「妙觀勝義量」勝義真理。同樣的道理，以為「夢中人是真人」這點，會違反「名言量識」世俗真理；認為「清醒時所遇的人是真人」這點，就不會違反「名言量識」世俗真理。

還有一種所謂的「名言有」，僅只是世俗上的假名安立，是某個只存在於假名層面上的東西。我們必須能區別出：事物是不是只是被設想存在於世俗本質，而不是勝義意義上真的存在。

假名安立的存在，也應該建立在不違反「名言量識」世俗真理之上；否則若只建立在某一個認知上，那麼我們也可以說「兔角是存在的」——的確，在認為真的有「兔角」的分別妄念中，兔角是存在的。總之，世俗上是否存在，還要看是不是違反「名言量識」世俗真理。所以所謂的名言之存在，只是在於無觀察顯現而安立。

所謂「勝義」，是說不只是看到表層的顯現就滿足了，而是觀察顯現的事物內在的本質，當我們真的去觀察，結果都是找不到的。這樣我們最初「沒有觀察，只看顯現」而認為它們實存的那些事物，現在已找不到了。所以依「妙觀慧」來作觀察，會發覺事物的本質是找不到的。所謂妙觀慧，是指僅是觀察表面的顯現，是不能滿足追求究竟真理的行者的；而經過觀察去瞭解事物本質是什麼，會發覺物的本質是找不到的，這就是說它們是沒有真實存在的本質的。我們所見所感知的一切世間事物，都是依他而起、相依而存的。

存在：只是主觀的假名

如同前面說過，事物擁有兩種本質：一種是存在於表面上、未經解析的顯相層次，被認知為世俗層面的事實；還有另外一個層次的真實——你必須超越只是顯相的層次，試著去探索在那之後，在只是表面的層次之後，事物是不是還存在。

這就是勝義層面的解析。所以，以勝義的意義來說，我們看見的，是事物並不存在。被解析的這個事物，禁不起超越世俗顯相的解析。這種在超越純粹世俗解析之後便找不到事物的特徵，就是事物的勝義本質。所以，我們要如何獲得這樣的理解？

如果事物的確如其所顯現的樣子存在，如此客觀地依自性存在，那麼藉由分析，我們應該能在它顯現的地方找到它。但是，經由分析，我們明白事物並不存在，在顯現的地方，是找不到它的；就事物本身，它是讓人找不到的。問題是，這是不是表示所分析的事物，是完全不存在的？並不是這樣。事物是存在的。這裡所否定的，是事物從自方而存在。然而如果你相信如此嚴謹的分析，是試圖要驗證事物的存在超越了世俗層面，並且相信事物在那個超越世俗層次當中的確存在的話，這就是堅持、或主張事物有本質而與生俱來的存在了。

所以，這裡的重點，是當你試圖驗證事物是否由自方而存在時，瞭解到是找不到它們的。這讓我們明辨事物並非從自方而存在，而是有另外一種存在模式的可能性——事物只是經由心理的假名所呈現，以主觀的假立取代了客觀的存在。

但是，這並不表示事物就不具價值，缺乏真實的意義。它們是有意義的，它們真的存在。不只是貼上標籤的事物是存在的，它的對照組也存在。然而當你解析後者的存在時，將發現它的存在只是因為主觀的假名，而非客觀或自主的存在。

宗喀巴大師也在許多著作中清楚提到，當我們解析事物是如何存在，以及當你否定它們是依自性而存在後，剩下的唯一選擇，就是設想它們的存在僅僅是心理假名，是依名義而存在。

所以，雖然這是說明事物如何存在，它們僅僅依名義上存在或心理的假名而存在。然而，當你檢驗它們是如何在我們面前顯相時，從事物的角度來看，它們又好像有一個非常明確的存在——這就是我們應該否定的，所謂的事物與生俱來的存在。

貢唐仁波切曾經很清楚提到，當我們解析事物的真實存在時，是找不到它們的，它們是無法被找到的——事物缺乏被找到的這種特性，就是我們所說的空性或究竟真實；但在僅只世俗的層次，我們應該能找到、設想所有的事物是存在的。

這就是我們必須在世俗存在與固有存在之間有所辨別的地方。如果你具備這種區別的能力，當我們念誦接下來的經文時，其實會一直討論到事物如何於世俗意義中存在，但在究竟意義中不存在。比如我們前面章節所說的「相、好莊嚴」和「眾生」等等，這些都只存在於世俗名言，而不存在於勝義本質。

以智慧證得法身

這裡有所謂以智慧與福德的本質為基礎，尋求證得佛身。我們先談前者：以智慧的本質為基礎，尋求證得法身。

在此之前的經文是講述佛陀薄伽梵「教法法身」，接著講的是「證法法身」，希求的是智慧所證的自利法身，還有希求福德所證的利他報化二色身。接下來先說明「可證自利法身的智慧」。

佛復告具壽善現言：「善現！於汝意云何？頗有少法如來應正等覺，證得阿耨多羅三藐三菩提耶？頗有少法如來應正等覺是所說耶？」（藏傳版）

「須菩提！於意云何？如來得阿耨多羅三藐三菩提耶？如來有所說法耶？」（漢傳版）

藉由智慧之力，我們消滅了暫時的染污（傳統稱「客塵」），在不具備暫時染污的基礎下，我們證得佛果位、或佛法身——它們的特徵，就是不具備暫時的染污。

客塵清淨，所以法身現前

善現答言：「世尊！如我解佛所說義者，無有少法如來應正等覺，證得阿耨多羅三藐三菩提；亦無有少法是如來應正等覺所說。何以故？世尊！如來應正等覺所證、所說、所思惟法，皆不可取、不可宣說、非法、非非法。何以故？以諸賢聖補特伽羅，皆是無為之所顯故。」（藏傳版）

須菩提言：「如我解佛所說義，無有定法名阿耨多羅三藐三菩提，亦無有定法，如來可說。何以故？如來所說法，皆不可取、不可說、非法、非非法。所以者何？一切賢聖，皆以無為法而有差別。」（漢傳版）

「非法」，以勝義的角度而言是非法；「非非法」，以世俗真實的角度而言是非非法。「無為之所顯」是指現象（法）、空性（非法）、因緣和合而生的顯相（非非法）——這是常說的三種自性特點。

所謂的「正等覺」指的是證得無上菩提，能證得自性清淨的證悟力「證之功德」，再加上能滅除垢染的對治力「斷之功德」，齊備這兩種的清淨法界性。「亦無少法是如來應正等覺所說」，「佛所說之法」和「佛說法這件事」都不存在，指的是「勝義而言，無有說法」，但這不是就世俗真實所說的。

接著，經文對「集聚功德」做了討論。

因緣和合，所以能累積功德

佛告善現：「於汝意云何？若善男子或善女人，以此三千大千世界盛滿七寶持用布施，是善男子或善女人，由此因緣所生福聚，寧為多不？」

善現答言：「甚多，世尊！甚多，善逝！是善男子或善女人，由此因緣所生福聚其量甚多。何以故？世尊！福德聚非福德聚者如來說為非福德聚。是故，如來說名福德聚非福德聚。」

佛復告善現言：「須菩提！若善男子或善女人以此三千大千世界盛滿七寶持用布施，若善男子或善女人於此法門乃至四句伽他，受持、讀誦、究竟通利及廣為他宣說、開示，如理作意，由是因緣所生福聚甚多於前無量無數。何以故？一切如來應正等覺、阿耨多羅三藐三菩提，皆從此經出，諸佛世尊皆從此經生。所以者何？須菩提，諸佛法、諸佛法者，如來說為非諸佛法，是故如來說名諸佛法。」

（藏傳版）

「須菩提！於意云何？若人滿三千大千世界七寶以用布施，是人所得福德，寧為多不？」

須菩提言：「甚多，世尊！何以故？是福德即非福德性，是故如來說福德多。」

「若復有人，於此經中受持，乃至四句偈等，為他人說，其福勝彼。何以故？須菩提！一切諸佛，及諸佛阿耨多羅三藐三菩提法，皆從此經出。須菩提！所謂佛法者，即非佛法。」（漢傳版）

須菩提長者回答說，將會集聚無盡的功德。而功德所以能以倍數累積，是因為它並不是本質上或固有地存在。這就是我們得到的解釋。這個解釋所以說得通，是因為在取決因緣的情況下，累積功德是可能的。一旦存有依存關係，功德就不會自主存在。因為事物缺乏一個自主的存在，依存關係就有可能因為因緣發生作用，或者在這樣的基礎上，功德就能夠被累積與倍增。

因此，龍樹菩薩在《中觀根本頌》說：「眾因緣生法，我說即是空。」凡事都緣起於空性，凡事都是假名安立，這就是中觀。這裡，龍樹菩薩的意思，是我們不該僅僅認知「空性」為什麼都沒有。更確切地說，空性所指、所詮釋，應該是緣起法。那麼，什麼是緣起？

緣起，是僅僅依照假名的依存關係。因此，說到存在於假名之上的依存關係，這種理解，依照假名的理解，幫助我們消除對事物具自主存在的邊見。因為依賴他法，所以不是不依賴，也就是依賴他法的空性。可以安立依賴，因為相依而存，所以不是沒有——因此，離實有邊，也離空無邊，正是遠離兩邊的中觀之道。

然而假名意味事物世俗層次上是存在的，這有助我們消除大乘佛教法的邊見。因此，對緣起的這層理解，要以空性為背景去體會。這有助我們消滅對大乘佛教與永恆主義的無、有兩種邊見。這種空性，必須以中觀，而不是純粹以「沒有」加以理解。所以，必須理解這裡所說的不存在，是事物不存在與生俱來的存在，不存在這樣的存在，才是真正的事實，要以這樣子去理解。

接下來，是關於我們如何消除在追求行菩薩道時，可能出現的障礙。

成為菩薩的二、三事

佛告善現：「於汝意云何？諸預流者頗作是念：『我能證得預流果？』」

善現答言：「不也，世尊！諸預流者不作是念：『我能證得預流之果。』何以故？世尊！諸預流者無少所預，故名預流，不預色、聲、香、味、觸、法，故名預流。世尊！若預流者作如是念：『我能證得預流之果』：何以故？世尊！諸預流者無少所預，故名預流，不預色、聲、香、味、觸、法，故名預流。世尊！若預流者作如是念：『我能證得預流之果。』即為執我、有情、命者、士夫、補特伽羅等。」（藏傳版）

「須菩提！於意云何？須陀洹能作是念：『我得須陀洹果』不？」

須菩提言：「不也，世尊！何以故？須陀洹名為入流，而無所入，不入色聲香味觸法，是名須陀洹。」（漢傳版）

需要消除的障礙，就是在我們追求覺悟之道的過程中，可能出現的阻礙。傲慢也是一種障礙，不容易消滅。所謂「證得預流果行者」，是已經現證無我的行者，因為斷除了三結[4]、由於已經現證無我、現證沒有任何真實法的緣故，所以稱為預流。

以下講的是斷除第六欲界的煩惱，所能證的果：

斷傲慢

佛告善現：「於汝意云何？諸一來者頗作是念：『我能證得一來果不』？善現答言：「不也，世尊！諸一來者不作是念：『我能證得一來之果。』何以故？世尊！以無少法證一來性，故名一來。」（藏傳版）

4 編註：又作初果三結。結，即見惑，眾生由此見惑結縛，不能出離生死。聲聞之人斷盡此惑，即證初果須陀洹，故稱初果三結。即：一有身見結：執著五蘊和合之身即是我，二戒見結：執著邪戒，三疑結：不能深信正法而生疑。

「須菩提！於意云何？斯陀含能作是念：『我得斯陀含果』不？」

須菩提言：「不也，世尊！何以故？斯陀含名一往來，而實無往來，是名斯陀含。」（漢傳版）

以下是講斷除第九欲界的煩惱所證之果：

佛告善現：「諸不還者頗作是念：『我能證得不還果』不？」

善現答言：「不也，世尊！諸不還者不作是念：『我能證得不還之果。』何以故？世尊！以無少法證不還性，故名不還。

佛告善現：『於汝意云何？諸阿羅漢頗作是念：『我能證得阿羅漢』不？』

善現答言：『不也，世尊！諸阿羅漢不作是念：『我能證得阿羅漢性。』何以故？世尊！以無少法名阿羅漢，由是因緣名阿羅漢。世尊！若阿羅漢作如是念：『我能證得阿羅漢性。』即為執我、有情、命者、士夫、補特伽羅等。所以者何？世尊！如來應正等覺，說我得無諍住最為第一，世尊！我雖是阿羅漢永離貪欲，而我未曾作如是念：『我得阿羅漢永離貪欲』世尊！我若作如是念：『我得阿羅漢永離貪欲者』如來不應記說我言，須菩提善男子得無諍住最為第一，以都無所住，是故如來說名無諍住無諍住。』」（藏傳版）

「須菩提！於意云何？阿那含能作是念：『我得阿那含果』不？」

須菩提言：「不也，世尊！何以故？阿那含名為不來，而實無不來，是故名阿那含。」「須菩提！於意云何？阿羅漢能作是念：『我得阿羅漢道』不？」

須菩提言：「不也，世尊！何以故？實無 有法名阿羅漢。世尊！若阿羅漢作是念：『我得阿羅漢道』，即為著我人眾生壽者。世尊！佛說我得無諍三昧，人中最為第一，是第一離欲阿羅漢。我不作是念：『我是離欲阿羅漢』。世尊！我若作是念：『我得阿羅漢道』，世尊則不說須菩提是樂阿蘭那行者！以須菩提實無所行，而名須菩提是樂阿蘭那行。」（漢傳版）

以上說明斷除傲慢。

要多聞

接著雖沒有傲慢，但若少聽聞也是障礙，所以為了廣學多聞而禮佛。在講解時，就說到本師釋迦牟尼曾經在燃燈佛座下接受教導，聽聞以無我為主的很多教法。這是就世俗名言而言；以勝義而言，「多聞」也是不存在的，這是以二諦區分說明。佛陀釋迦牟尼以講解自己的本生故事來說明從他方廣聞教法：

佛告善現：「於汝意云何？如來昔在燃燈如來應正等覺所，頗於少法有所取不？」

善現答言：「不也，世尊！如來昔在燃燈如來應正等覺所，都無少法而有所取。」（藏傳版）

佛告須菩提：「於意云何？如來昔在燃燈佛所，於法有所得不？」

「世尊！如來在燃燈佛所，於法實無所得。」（漢傳版）

雖然沒有了傲慢，又有聽聞，但是如果目標短淺，這對修行又是一種障礙。為自利而修行，目標是很短淺的。譬如去找所謂的我，經過觀察，比較容易明白它是找不到的，就斷除了傲慢。雖然沒有傲慢，但是如果少聞，也是一種修行障礙，所以要聽聞，為了廣學多聞，所以禮佛等要累積資糧。

不淺薄

佛告善現：「若有菩薩作如是言：『我當成辦佛土功德莊嚴。』如是菩薩非真實語。何以故？善現！佛土功德莊嚴、佛土功德莊嚴者，如來說非莊嚴，是故如來說，名佛土功德莊嚴，佛土功德莊嚴。是故，善現！菩薩如是，都無所住應生其心，不住於色應生其心，不住非色應生其心，不住聲、香、味、觸、法，應生其心。」（藏傳版）

「須菩提！於意云何？菩薩莊嚴佛土不？」

「不也，世尊！何以故？莊嚴佛土者，則非莊嚴，是名莊嚴。」

「是故須菩提，諸菩薩摩訶薩應如是生清淨心，不應住色生心，不應住聲香味觸法生心，應無所住而生其心。」（漢傳版）

剛才的所緣是沒有實性的，雖然所緣廣大，但幫助眾生放下應斷捨的一切，是使眾生成熟。

佛告善現：「如有士夫具身大身，其色自體假使譬如妙高山王。善現！於汝意云何？彼之自體為廣大不？」

善現答言：「彼之自體廣大，世尊！廣大，善逝！何以故？世尊！彼之自體，如來說非彼體故名自體，非以彼體故名自體。」（藏傳版）

「須菩提！譬如有人，身如須彌山王，於意云何？是身為大不？」

須菩提言：「甚大，世尊！何以故？佛說非身，是名大身。」（漢傳版）

把握宣說般若才是核心

佛告善現：「於汝意云何？乃至殑伽河中所有沙數，假使有如是沙等殑伽河，是諸殑伽河沙寧為多不？」

善現答言：「甚多，世尊！甚多，善逝！諸殑伽河尚多無數，何況其沙！」

佛言：「善現！吾今告汝，開覺於汝：假使若善男子或善女人，以妙七寶盛滿爾所殑伽河沙等世界，奉施如來應正等覺，善現！於汝意云何？是善男子或善女人，由此因緣所生福聚寧為多不？」善現答言：「甚多，世尊！甚多，善逝！是善男子或善女人，由此因緣所生福聚其量甚多。」

佛復告善現：「若以七寶盛滿爾所沙等世界，奉施如來應正等覺，若善男子或善女人，於此法門乃至四句伽陀，受持、讀誦、究竟通利，及廣為他宣說、開示，如理作意，由此因緣所生福聚，甚多於前無量無數。復次，善現！若地方所，於此法門乃至為他宣說，開示四句伽陀，此地方所尚為世間諸天及人、阿素洛等之所供養如佛靈廟，何況有能於此法門具足究竟，書寫、受持、讀誦、究竟通利，及廣為他宣說、開示，如理作意，如是有情成就最勝稀有功德。此地方所，大師所住，或隨一一尊重處所，若諸有智同梵行者。」（藏傳版）

「須菩提！如恒河中所有沙數，如是沙等恒河，於意云何？是諸恒河沙寧為多不？」

須菩提言：「甚多，世尊！但諸恒河尚多無數，何況其沙！」

「須菩提！我今實言告汝：若有善男子、善女人，以七寶滿爾所恒河沙數三千大千世界，以用布施，得福多不？」

須菩提言：「甚多，世尊！」

佛告須菩提：「若善男子、善女人，於此經中，乃至受持四句偈等，為他人說，而此福德勝前福德。復次，須菩提！隨說是經，乃至四句偈等，當知此處，一切世間、天、人、阿修羅，皆應供養，如佛塔廟，何況有人盡能受持讀誦。須菩提！當知是人成就最上第一希有之法，若是經典所在之處，則為有佛，若尊重弟子。」（漢傳版）

以上經文，字面上直接的意思是透過講聞、宣說無我或勝義菩提心的經論，可以聚集無量資糧。另外的含蓄教授，是除非有特殊意義，否則，除此之外的外道論典，即使講聞，也沒有意義。

說是語已，具壽善現復白佛言：「世尊！當何名此法門，我當云何奉持？」作是語已，佛告善現言：「具壽！今此法門名為《能斷金剛般若波羅蜜多》，如是名字汝當奉持。何以故？善現！如是般若波羅蜜多，如來說為非般若波羅蜜多，是故如來說名般若波羅蜜多。」

佛告善現：「於汝意云何？頗有少法如來可說不？」善現答言：「不也，世尊！無有少法如來可說。」（藏傳版）

爾時，須菩提白佛言：「世尊！當何名此經？我等云何奉持？」

佛告須菩提：「是經名為《金剛般若波羅蜜》，以是名字，汝當奉持。所以者何？須菩提！佛說般若波羅蜜，則非般若波羅蜜。須菩提！於意云何？如來有所說法不？」

須菩提白佛言：「世尊！如來無所說。」（漢傳版）

這世界，只是個「一合相」

復次，善現！若善男子或善女人，乃至三千大千世界大地極微塵量等世界，即以如是無數世界，色相為量如極微聚。善現！於汝意云何？是極微聚寧為多不？」

善現答言：「是極微聚甚多，世尊！甚多，善逝！何以故？世尊！若極微聚是實有者，佛不應說為極微聚，所以者何？如來說極微聚即為非聚，故名極微聚，如來說三千大千世界即非世界，故名三千大千世界。何以故？世尊！若世界是實有者即為一合執，如來說一合執即為非執，故名一合執。」

佛言：「善現！此一合執不可言說、不可戲論，然彼一切愚夫異生強執是法。」（藏傳版）

「須菩提！若善男子、善女人，以三千大千世界碎為微塵，於意云何？是微塵眾寧為多不？」

「甚多，世尊！何以故？若是微塵眾實有者，佛則不說是微塵眾，所以者何？佛說：微塵眾，則非微塵眾，是名微塵眾。世尊！如來所說三千大千世界，則非世界，是名世界。何以故？若世界實有，則是一合相。如來說：一合相，則非一合相，是名一合相。」

「須菩提！一合相者，則是不可說，但凡夫之人貪著其事。」（漢傳版）

佛與須菩提接下來對於「我」是不是以身體與心為基礎所假立的討論中，所提到的身體又是什麼？

如果我們去找所謂的「我」，（因為它是一個抽象的概念，）經過觀察，比較容易瞭解「我」是找不到的。我的身體卻不是那樣，因為我們可以用手觸到「這就是我的身體」（會產生一種具體可以接觸的感受）。但是經過仔細觀察，可以知道身體也是由許多元素所組成的，所以身體是由眾多局部組合成的事物。「局部」與「整體」是相對而言的，「局部」依「整體」而存在，「整體」也依「局部」而存在，有「局部」才會有「整體」，有「整體」也才會有「局部」，是相互依存的關係。如果去找物質性的事物「不依他存在」的本體，是找不到的；我們也會發現，這些物質性的事物都是可以再被細分成更小的局部，找不到不可再細分的最小單位——所以經過仔細觀察考慮，真的找不到真實的身體，所謂的身體是無真實性的。（這個世界，也是一樣啊。）

佛告善現：「乃至三千大千世界，大地微塵寧為多不？」善現答言：「此地微塵甚多，世尊！甚多，善逝！」

佛言：「善現！大地微塵，如來說非微塵，是故如來說名大地微塵。諸世界，如來說非世界，是故如來說名世界。」

佛告善現：「於汝意云何？應以三十二大士夫相，觀於如來應正等覺不？」

善現答言：「不也，世尊！不應以三十二大士夫相觀於如來應正等覺。何以故？世尊！三十二大

士夫相，如來說為非相，是故如來說名三十二大士夫相。」（藏傳版）

「須菩提！於意云何？三千大千世界所有微塵是為多不？」

須菩提言：「甚多，世尊！」

「須菩提！諸微塵，如來說非微塵，是名微塵。如來說：世界，非世界，是名世界。」

「須菩提！於意云何？可以三十二相見如來不？」

「不也，世尊！何以故？如來說：三十二相，即是非相，是名三十二相。」（漢傳版）

先前談到佛的三十二種莊嚴相，說的是成佛時，你將獲得這些莊嚴相，這「相好莊嚴」的色身，是以「願證得之境」而言。而這裡說的是一種福德不足時的方便對治法，如來是聚集福德的無上福田，是以「累積功德」做為自己功德不足的對治為基礎。

第十章

感謝空性，讓我們有機會解脫

空性是一帖萬靈丹，一藥治百病，
它能根除心靈的病根：無明，讓所有煩惱斷根。

不貪求名聞利養

接下來是說明斷除對利養恭敬的貪求，雖然要聚集資糧，但貪求利養恭敬可是不行的，所以說明此貪心之對治。

佛復告善現言：「假使若有善男子或善女人，於日日分捨施殑伽河沙等自體，如是經，殑伽河沙等劫數捨施自體，復有善男子或善女人，於此法門乃至四句伽陀，受持、讀誦、究竟通利，及廣為他宣說、開示，如理作意，由是因緣所生福聚，甚多於前無量無數。」

爾時，具壽善現聞法威力悲泣落淚，抆淚而白佛言：「甚奇稀有，世尊！最極稀有，善逝！如來今者所說法門，普為發趣最上乘者作諸義利，普為發趣最勝乘者作諸義利。世尊！我昔生智以來，未曾得聞如是法門。世尊！若諸有情聞說如是甚深經典生真實想，當知成就最勝稀有。何以故？世尊！諸真實想真實想者，如來說為非想，是故如來說名真實想真實想者。世尊！我今聞說如是法門，領悟、信解未為稀有，若諸有情於當來世，後時、後分、後五百歲，正法將滅時分轉時，當於如是甚深法門，領悟、信解、受持、讀誦、究竟通利，及廣為他宣說、開示、如理作意，當知成就最勝稀有。何以故？世尊！彼諸有情無我想轉、無有情想、無命者想、無士夫想、無補特伽羅想、無意生想、無摩納婆想、無作者想、無受者想轉。所以者何？世尊！諸我想即是非想，諸有情想、命者想、士夫想、補特伽羅想、意生想、摩納婆想、作者想、受者想即是非想。何以故？諸佛世尊離一切想。」

作是語已。爾時，世尊告具壽善現言：「如是，如是，善現！若諸有情聞說如是甚深經典，不驚、不懼、無有怖畏，當知成就最勝稀有。」（藏傳版）

「須菩提！若有善男子、善女人，以恒河沙等身命布施；若復有人，於此經中，乃至受持四句偈等，為他人說，其福甚多！」

爾時，須菩提聞說是經，深解義趣，涕淚悲泣，而白佛言：「希有，世尊！佛說如是甚深經典，我從昔來所得慧眼，未曾得聞如是之經。世尊！若復有人得聞是經，信心清淨，則生實相，當知是人，成就第一希有功德。世尊！是實相者，則是非相，是故如來說名實相。世尊！我今得聞如是經典，信解受持不足為難，若當來世，後五百歲，其有眾生，得聞是經，信解受持，是人則為第一希有。何以故？此人無我相、人相、眾生相、壽者相。所以者何？我相即是非相，人相、眾生相、壽者相即是非相。何以故？離一切諸相，則名諸佛。」

佛告須菩提：「如是！如是！若復有人，得聞是經，不驚、不怖、不畏，當知是人甚為希有。」

（漢傳版）

真諦：不存在

在《心經》以及其他許多經典中，都提到：「無色聲香味觸法」：現象，也就是「法」不存在；以及形相，也就是「色」也不存在的。這裡，《心經》中佛加持觀音菩薩，宣說聲音、形相、味道等都不存在的義理。另在《心經》關於「四聖諦」的開示中也說：「無苦集滅道」，四聖諦前兩諦：宣說輪迴本質即是苦的「苦諦」，與苦因是業煩惱的聚集「集諦」，兩者是不存在的；而第三與第四聖諦，宣說痛苦寂滅的「滅諦」，以及修持息苦之道的「道諦」，兩者也不存在。當佛陀說我們看到與所經歷的事情都不存在時，我們心裡會生起一股恐懼。另一個在心裡生起的就是這個問題：為什麼如此？

為什麼這樣呢？為什麼佛告訴我們，這些事物並不存在，這些事物的本質為空性呢？要明白這道理，我們必須了解聖天菩薩在《中觀四百頌》中所說：

如身中身根，癡遍一切住。

如同肉體的觸受遍於一切感覺，
是所有感覺產生的根本，
癡也遍於（貪嗔等）一切的煩惱，
也就是說，癡是所有煩惱的根本。

因此，若能斷除煩惱之根的癡，那麼其他的煩惱自然而然的會解除。比方我們心續中產生貪瞋時，喜歡、有了「樂受」就起貪，不喜歡、生起「苦受」就起瞋，不是喜歡也不是不喜歡就起「不苦不樂受」的捨心。

如果你摧毀無明，所有的煩惱也將被摧毀，這正是這裡的意思。正是對於這究竟本質的理解，佛陀教導我們的空性本質，可以摧毀這種無明。因為無明遍於所有煩惱，藉由摧毀無明，所有的煩惱也會被消滅。更仔細地說，當我們生起比如貪著、瞋恨等種種負面情緒時，傾向將這些情緒的產生，與某些特定事物建立連結。

比方說，一個非常具有吸引力的事物，將是生起貪著的基礎，而某個醜陋或是不吸引人的事物，則是生起瞋恨或憤怒的基礎；至於一個不是喜歡也不是不喜歡的事物，我們生起的是無關痛癢的感受。

我們為什麼貪著？

探究這些煩惱是如何發生的，我們明白那取決於兩點：

對境：引起我們生起何種煩惱或情緒的事物。

自心：是由於這個對於「我」的感知，我們認為「這個東西是有吸引力的。」所以，你總是以你為觀察者，產生某件事物是吸引人的聯想。你說：「噢！我看它很吸引人。」或「我看它並不吸引人。」所以，事物所吸引的，是我們的心。對我的心如此具有吸引力。它如此吸引著我的心，或者它不吸引我的心，或是我的心並不受它影響。所以，在某種程度上，是事物引發我們內在的煩惱；另一方面，是對於「我」的感知，你描述事物吸引人的、不吸引人的或者是不具影響力。因此，我們看到一個是以事物的角度而言，另一個則是以「我」所感知的而言。

這兩者相遇，就產生了包括貪著、瞋恨等種種煩惱。明白這一點，你可以做些事情降低自己的自我感知，如此一來，由這個對「我」的感知所產生的種種，包括貪著瞋恨等的後果，也將減弱。

所謂的緣起，就是講細微緣起。粗略的緣起指的是因果緣起，細微的緣起指的是觀待的緣起，這裡講的是細微的緣起。觀待的緣起的意思，是主要來自於「無自性性」（沒有獨立自主的實存本質）上面，因此，空性很重要，而一定要講空性是有特殊的原因的，我經常會開玩笑說，龍樹菩薩強調佛陀本身講述許多有關空性，他自己也講了許多有關空性的法，那麼這些並不是因為龍樹菩薩他想要展現自己的學識而寫成複雜的，是因為為了去除我們心續上的煩惱，而講述了空性的重要性，與瞭解空性根本要點。

我們如何減少貪著？

為了降低對貪著、瞋恨等負面情緒的感知，我們可以從兩方面下手：

一、**減輕「我執」**：這是對自心而言，你必須降低對「我的執取」的強度；
二、**減輕「實執」**：這是對外境而言，你需要減低對「事物是真實地存在」這項感知。

因此我們需要做兩件事：

一、**人無我**：我們需要理解「個人」的身和心都沒有真實存在的本質，這項修持稱為「人無我」；

二、**法無我**：我們需要認知外在的「現象」都沒有真實存在的本質，這項修持「法無我」。

如果你能這麼做，這些在我們心中生起的負面情緒，將被削弱，減少作用力。

聖天菩薩《中觀四百頌》中提到：

若見緣起理，愚癡則不生，
故此一切力，唯應說彼語。

如果見到「緣起」的義理，
無明愚癡就會止息；
所以我們應該盡一切力，
宣說「緣起」的義理。

如上所說，聖天菩薩在《中觀四百頌》中提到：就如同身體的感受遍及眼、鼻、舌所有的覺知；經由理解「緣起法」，將能止息我們的無明，這一切煩惱的根本。所以，我們應該盡全力探索這個「緣起法」。

這層對於緣起的理解，分為兩種：顯著（粗分）的，就是依賴因果；細微（細分）的，是純粹由於假名的緣起。為了消除無明，這裡需要的，是對緣起的細微認知。因此，我們明白理解空性多麼重要，這就是我為什麼一直在說空性，一直在勸導大家修持空性教法。

平常我會開玩笑說，龍樹菩薩一而再、再而三地講說本師佛陀所教導的空性，而且著作這些複雜的釋義論典，根本不是為了讓我們成為一位佛教智者而寫；純粹是為了幫助我們斷除心中的煩惱，讓我們知道如果要斷除煩惱，必須修行空性，了悟空性。

不存在，使解脫成為可能

《心經》說：

色不異空，空不異色，色即是空，空即是色。

色即是空，意思是形相（色）並不具備一個自主存在的本質。

空即是色，因為形相是空的，相依而存便具有可能，因此，形相就可以被假名。因此，空即是色。「色不異空」與「空不異色」，意思是色與空不該被視成不同的兩者；應該視為同體——以空為本質的色，和以（相依而存的）色為顯現的空。

在《般若二萬頌》中也提到，色的本質就是空，因此說「色即是空，空即是色」[1]。關於這個道理，中觀行者之間也有不同看法：

應成派：中觀應成派認為，事物即使在世俗層面上，也不具備固有存在，完全否定事物是以「自方有」（依靠自己獨立存在）的形相與方式，顯現在我們面前。

自續派：中觀自續派則主張、承許，世俗諦上有假名安立的存在，形相（色）似乎被假設為真實有的存在，他們嘗試將空性建構為某個獨立於形相之外的事物。

《二萬頌般若經》還提到，形相並非「空性空」（被空掉的空），因為它的本質就是空。這裡，根據中觀應成派，我們所討論的任何事物，並不具備它顯現的形相、它形體上的樣子，事物並不依它看起來的樣子而存在，它並不是依據自方有而存在。所以，如果你從這個觀點理解空性的本質，就能完全體會《二萬頌》中闡述的意義。

龍樹菩薩的重要弟子之一清辯論師與寂護論師，在他們的著述中，總是傾向認同「事物在世俗層次上，具有本有的存在性」。

1 中譯註，原文作「色非以空性而空，故色法空。」

你可以說清辯論師是為了一些不同根器的弟子才這麼說，否則，我們就得直言，清辯論師並不明白龍樹菩薩最究竟的教法——事物不具備固有的存在。然而，這非常不可能，因為他們都是龍樹菩薩的隨行者，所以本來應該要主張「唯名言也無自相」，就算世俗上的假名安立，也是沒有自性存在的。

就像無著菩薩他本人的自宗是中觀派，但是為了接納攝受世親菩薩等其他弟子，依隨眾生的根器而宣說唯識派的宗義，也著作了唯識派的見解論典。

清辯論師是一位大智者，如果說他沒有領悟到龍樹菩薩的主要見解唯名言上也無自相，這一點道理是很難講得通的，實在講不通的話，只能這樣說：清辯論師他只有在龍樹菩薩面前受到《中觀根本頌》的口傳而已，卻沒受到仔細的教授，所以他沒有真正的領悟到《中觀根本頌》的究竟內涵，除了這個理由之外，沒有其他道理可說。

這個陳述「萬物並不具備固有存在」的教法，可能會讓我們生起一股恐懼：「天哪，所有的事物都不是依自方而存在，那就沒有任何事物是存在的。」但是，如果你深度解析，而不是生起害怕，這個教法應該能提供我們一個深刻的信念，就是對於「因果法與世俗真理不會有錯」的堅定信心。但如果仔細的思維，在無自相的狀況之下，可以顯現許多幻化；因為他是依賴因緣，所以，依賴因緣可以有許多變化。在章嘉汝悲多傑尊者所作的道歌——《知母歌集》中也說：

變化源於不變母，表相故具解脫因。

因為各種（緣起）的形相與變化，
都是源自「不變」這位母親（——空性）；
所以表相裡，
具有我們解脫的希望。

可以有許多變化的，有許多變化的名言之法、世俗現象，都是顯現於空性自性，就是如此。《入中論自譯論》有中文版的吧，要學習，一定要學習《入中論自譯論》這部經典寫得很好，因為對細微的「世俗名言自相是否存在」的問題，在這裡面有清楚的分析。另外，好像是在《回諍論》裡，龍樹菩薩針對實量派的觀點如此回駁說：

諸法若有體，隨性則有存；
如是一切法，則應無因緣。

當我們觀察一切現象，如果有實存的本體，
那它們就可以依自己的本質而存在；
那麼一切現象，
應該都不是緣起、不是因緣和合而生的。

空性，不否定因果

龍樹菩薩在《中觀根本論》裡也提到：

以有空義故，一切法得成；
若無空義者，一切則不成。

因為有空性，
所以一切現象都有機會成立；
如果沒有空性，
一切現象就沒有成立的機會了。

意思就是說如果你主張所有的事物是自力而成、自性而成，但你知道事物是「由因而生」，如果是「由因而生」，那就不能是「自性存在」，這兩者是矛盾的；如果承許、主張事物有固定不變的自性存在，那因果關係就無法成立了，就無法安立因果之所做、所能——因此，我們可以看出「自性生」與「因果律」明顯相違，這是邏輯道理上最有力的「能立」。

不只我們，畜生也懂一點點的因果關係。我們如果去好好思維因果的關係，就會知道，因為沒有（固定不變的）自性存在，所以才有因果關係。如果有自性的存在的話，那麼因果是不可能存在的。龍樹菩薩說，如果事物是固有存在，那麼，你得等同看待因果關係為無效。龍樹菩薩的意思是假使事物的確有實存的自性，它們就該獨立自主地存在。如果它們獨立自主地存在，就不應該具有依存關係；如果不具有依存關係，因果就不會發生——因為因果正是發生、或作用於依存關係的層次上，所以可以反推是有空性的。沒有依存關係，就不會有因果作用，就這一點來說，那些認同事物具有實存自性的人，就不該認同萬事萬物之間具有因果關係。

忍辱住在我執對面

接下來的這個章節，我們談有關「安忍」，或是「忍辱」的修持。

「何以故？善現！如來說最勝波羅蜜多，謂般若波羅蜜多，善現！如來所說最勝波羅蜜多，無量諸佛世尊所共宣說，故名最勝波羅蜜多，如來說最勝波羅蜜多，即非波羅蜜多，是故如來說名最勝波羅蜜多。復次，善現！如來說忍辱波羅蜜多，即非波羅蜜多，是故如來說名忍辱波羅蜜多。何以故？

善現！我昔過去世，曾為羯利王斷肢節肉，我於爾時都無我想或有情想、或命者想、或士夫想、或補特伽羅想、或意生想、或摩納婆想、或作者想、或受者想，我於爾時都無有想亦非無想。何以故？善現！我於爾時若有我想，即於爾時應有恚想，我於爾時若有有情想、命者想、士夫想、補特伽羅想、意生想、摩納婆想、作者想、受者想，即於爾時應有恚想。」（藏傳版）

「何以故？須菩提！如來說：第一波羅蜜，非第一波羅蜜，是名第一波羅蜜。須菩提！忍辱波羅蜜，如來說非忍辱 波羅蜜。何以故？須菩提！如我昔為歌利王割截身體，我於爾時，無我相、無人相、無眾生相、無壽者相。何以故？我於往昔節節支解時，若有我相、人相、眾生相、壽者相，應生瞋恨。」（漢傳版）

這裡清楚說明了，如果非常強烈地執著這個「我」，對加害「我」的他人必然生起瞋恨心。

「何以故？善現！我憶過去五百生中，曾為自號忍辱仙人，我於爾時都無我想、無有情想、無命者想、無士夫想、無補特伽羅想、無意生想、無摩納婆想、無作者想、無受者想，我於爾時都無有想亦非無想，是故，善現！菩薩摩訶薩遠離一切想，應發阿耨多羅三藐三菩提心，不住於色應生其心，不住非色應生其心，不住聲、香、味、觸、法應生其心，不住非聲、香、味、觸、法應生其心，都無所住應生其心。何以故？善現！諸有所住則為非住，是故如來說諸菩薩應無所住而行佈施，不應住色、聲、香、味、觸、法而行佈施。復次，善現！菩薩摩訶薩為諸有情作義利故，應當如是棄捨佈施。何以故？善現！諸有情想即是非想，一切有情，如來即說為非有情，善現！如來是實語者、諦語者、如語者、不異語者。復次，善現！如來現前等所證法，或所說法，或所思法，即於其中非諦非妄。善現！譬如士夫入於暗室都無所見，當知菩薩若墮於事，謂墮於事而行佈施，亦復如是。善現！譬如明眼士夫，過夜曉已，日光出時，見種種色，當知菩薩不墮於事，謂不墮事而行佈施，亦復如是。」（藏傳版）

「須菩提！又念過去於五百世作忍辱仙人，於爾所世，無我相、無人相、無眾生相、無壽者相。是故須菩提！菩薩應離一切相，發阿耨多羅三藐三菩提心，不應住色生心，不應住聲香味觸法生心，應生無所住心。若心有住，則為非住。」「是故佛說：菩薩心不應住色布施。須菩提！菩薩為利益一切眾生，應如是布施。如來說：一切諸相，即是非相。又說：一切眾生，則非眾生。須菩提！如來是真語者、實語者、如語者、不誑語者、不異語者。

「須菩提！如來所得法，此法無實無虛。須菩提！若菩薩心住於法而行布施，如人入暗，則無所見；若菩薩心不住法而行布施，如人有目，日光明照，見種種色。」（漢傳版）

接著，是有關對治「智慧資糧不足」的問題。

自修且令他人修，能生無量大功德

「復次，善現！若善男子或善女人，於此法門受持、讀誦、究竟通利，及廣為他宣說、開示、如理作意，則為如來以其佛智，悉知是人，則為如來以其佛眼，悉見是人，則為如來悉覺是人，如是有情一切當生無量福聚。復次，善現！假使善男子或善女人，日初時分以殑伽河沙等自體佈施，日中時分復以殑伽河沙等自體佈施，日後時分亦以殑伽河沙等自體佈施，由此法門經於俱胝那庾多百千劫（無量百千萬劫）以自體佈施，若有聞說如是法門，不生誹謗，由此因緣所生福聚，尚多於前無量無數，何況能於如是法門具足畢竟，書寫、受持、讀誦、究竟通利，及廣為他宣說、開示、如理作意。復次，善現！如是法門不可思議，不可稱量，應當希冀不可思議所感異熟。」（藏傳版）

「須菩提！當來之世，若有善男子、善女人，能於此經受持讀誦，則為如來以佛智慧，悉知是人，悉見是人，皆得成就無量無邊功德。」

「須菩提！若有善男子、善女人，初日分以恒河沙等身布施，中日分復以恒河沙等身布施，後日分亦以恒河沙等身布施，如是無量百千萬億劫以身布施；若復有人，聞此經典，信心不逆，其福勝彼，何況書寫、受持、讀誦、為人解說。」

「須菩提！以要言之，是經有不可思議、不可稱量、無邊功德。如來為發大乘者說，為發最上乘者說。若有人能受持讀誦，廣為人說，如來悉知是人，悉見是人，皆成就不可量、不可稱、無有邊、不可思議 功德，如是人等，則為荷擔如來阿耨多羅三藐三菩提。何以故？須菩提！若樂小法者，著我見、人見、眾生見、壽者見，則於此經，不能聽受讀誦、為人解說。」（漢傳版）

佛陀在這部經典中，稱揚理解空性的重要。如果你聞思修空性的教法，並且記住它，將會產生廣大無量的功德力。就是說如果攝持在菩提心的基礎上，修行空性的話，那麼會有無限的功德。這功德力是這樣產生的：像是擁有、培養某些正面或良善的心靈狀態，能幫助我們消除那些與這些善念相違的煩惱。

比如禪修慈心、悲心，能幫助我們消滅瞋心；然而，要是技術不熟練，增長慈心、悲心的同時，也許會增長我們對目標的貪心。這時，可以藉由禪修事物的不淨本質（不淨觀），減少我們對其貪心；可是，如果技術不夠熟練，同樣地，在減少對事物貪著的同時，也可能增長對它的瞋心——所以，我們可以看到，上述諸如此類的藥方，都只是「暫時減少」這些煩惱（傳統稱：能「破」對治），並不是將它們「連根拔除」（傳統稱：能「斷」對治）。

但是，禪修空性就是另外一種情況了。儘管乍看禪修「無我」空性，似乎不如禪修慈心、悲心，那麼直接有效的對治瞋恨心等煩惱，但空性禪修對治的，是所有層面的負面特質。所有上述提到的煩惱——貪著、瞋恚等等，它們的根源都是「執著自性存在」的無明，我們能夠藉由禪修空性，根除這種無明。這像是一帖萬靈丹，一藥治百病，禪修空性能療癒我們所有的煩惱，同時療癒這些煩惱對我們造成的傷害。

所以，就如《金剛經》裡說，對這樣有講述空性的經典聽寫讀誦、受持對他人宣講，會有非常大的利益是真實的。最重要的是，了悟空性的智慧，能直接對治我們圓滿證悟成佛的兩大障礙：煩惱障和所知障。

第十一章

我已發菩提心，接下來怎麼修行？

「佛啊，我們要如何安住？如何修行？如何降伏自心？」

這是《金剛經》最著名的三個大哉問。

凡夫菩薩，請你這樣修

如何對治我執？

以下，是為了對治我執而修行無我：

爾時，具壽善現復白佛言：「世尊！諸有發趣菩薩乘者，應云何住？云何修行？云何攝伏其心？」

佛告善現：「諸有發趣菩薩乘者，應當發起如是之心：『我當皆令一切有情，於無餘依妙涅槃界而般涅槃，雖度如是一切有情，令滅度已，而無有情得滅度者。』何以故？善現！若諸菩薩摩訶薩有情想轉，不應說名菩薩摩訶薩，所以者何？若諸菩薩摩訶薩不應說言有情想轉，如是命者想、士夫想、補特伽羅想、意生想、摩納婆想、作者想、受者想轉，當知亦爾。何以故？善現！無有少法名為發趣菩薩乘者」（藏傳版）

爾時，須菩提白佛言：「世尊！善男子、善女人，發阿耨多羅三藐三菩提心，云何應住？云何降伏其心？」

佛告須菩提：「善男子、善女人，發阿耨多羅三藐三菩提者，當生如是心，我應滅度一切眾生。滅度一切眾生已，而無有一眾生實滅度者。何以故？若菩薩有我相、人相、眾生相、壽者相，則非菩薩。所以者何？須菩提！實無有法發阿耨多羅三藐三菩提者。」（漢傳版）

經文中提供建議，建議我們如何培養空性的智慧。空性智慧的培養，無法只靠自己而不依賴他人，因為自己不聽聞教授，是不會瞭解空性的，必須從他人聽聞空性法門，之後培養建立。

為什麼「空性禪修」很重要？

佛告善現：「於汝意云何？如來昔於燃燈如來應正等覺所，頗有少法，能證阿耨多羅三藐三菩提不？」

作是語已，具壽善現白佛言：「世尊！如我解佛所說義者，如來昔於燃燈如來應正等覺所，無有少法，能證阿耨多羅三藐三菩提。」

說是語已，佛告具壽善現言：「如是，如是，善現！如來昔於燃燈如來應正等覺所，無有少法，能證阿耨多羅三藐三菩提。何以故？善現！如來昔於燃燈如來應正等覺所，若有少法，能證阿耨多羅三藐三菩提者，燃燈如來應正等覺不應授我記言：『汝摩納婆於當來世，名釋迦牟尼如來應正等覺。』善現！以如來無有少法，能證阿耨多羅三藐三菩提，是故燃燈如來應正等覺授我記言：『汝摩納婆於當來世，名釋迦牟尼如來應正等覺。』所以者何？善現！言如來者，即是真實，真如增語；言如來者，即是無生，法性增語；言如來者，即是永斷道路增語；言如來者，即是畢竟不生增語。何以故？善現！若實無生，即最勝義，善現！若如是說如來應正等覺，能證阿耨多羅三藐三菩提者，當知此言為不真實，所以者何？善現！由彼謗我起不實執。何以故？善現！無有少法，如來應正等覺能證阿耨多羅三藐三菩提，善現！如來現前等所證法，或所說法，或所思法，即於其中非諦非妄，是故，如來說一切法皆是佛法。」（藏傳版）

「須菩提！於意云何？如來於燃燈佛所，有法得阿耨多羅三藐三菩提不？」

「不也，世尊！如我解佛所說義，佛於燃燈佛所，無有法得阿耨多羅三藐三菩提。」

佛言：「如是，如是。須菩提！實無有法　如來得阿耨多羅三藐三菩提。須菩提！若有法如來得阿耨多羅三藐三菩提，燃燈佛則不與我授記：『汝於來世，當得作佛，號釋迦牟尼。』以實無有法得阿耨多羅三藐三菩提，是故燃燈佛與我授記，作是言：『汝於來世，當得作佛，號釋迦牟尼。』何以故？如來者，即諸法如義。」

「若有人言：如來得阿耨多羅三藐三菩提。須菩提！實無有法，佛得阿耨多羅三藐三菩提。須菩提！如來所得阿耨多羅三藐三菩提，於是中無實無虛。是故如來說：一切法皆是佛法。」（漢傳版）

以上是說由如來完全展現與理解的法，既非真，亦非假（非諦非妄）。既非真，意指它不具備自性有的存在；亦非假，因為它並非百分之百不存在。

這就是為什麼空性禪修能如何幫助我們，經由五道十地貫徹證悟之道，如此來鼓勵弟子，如同月稱菩薩在《入中論》中所說：「**從地登地善上進**」，就是說登地之後的菩薩，進步是很快的，就像在虛空中沒有阻礙地往上飛升，由於初地時已現證勝義菩提心，依靠現證空性的功德力，可以很快圓滿地道功德。

登地菩薩，都是這樣修

為什麼「一切法皆是佛法」？

「善現！一切法一切法者，如來說非一切法，是故如來說名一切法一切法。」佛告善現：「譬如士夫具身大身。」

具壽善現即白佛言：「世尊！如來所說士夫具身大身，如來說為非身，是故說名具身大身。」

佛言：「善現！如是，如是，若諸菩薩作如是言，我當滅度無量有情，是則不應說名菩薩。何以故？善現！頗有少法名菩薩不？」

善現答言：「不也，世尊！無有少法名為菩薩。」

佛告善現：「有情有情者，如來說非有情，故名有情，是故如來說一切法無有有情、無有命者、無有士夫、無有補特伽羅等。」（藏傳版）

「是故如來說：一切法皆是佛法。須菩提！所言一切法者，即非一切法，是故名一切法。」

「須菩提！譬如人身長大。」

須菩提言：「世尊！如來說：人身長大，則為非大身，是名大身。」

「須菩提！菩薩亦如是。若作是言：「我當滅度無量眾生」，則不名菩薩。何以故？須菩提！無有法名為菩薩。是故佛說：一切法無我、無人、無眾生、無壽者。」」（漢傳版）

什麼是真菩薩？

接下來講的是，由凡夫進展到登地之後的菩薩與佛的果地功德。蓮花戒論師所造的《金剛經廣解》中有說十八段，其中的十六段是在講聖地（登地菩薩功德），以下是講果地（佛功德）：

「善現！若諸菩薩作如是言：『我當成辦佛土功德莊嚴』，亦如是說。何以故？善現！佛土功德莊嚴，佛土功德莊嚴者，如來說非莊嚴，是故如來說名佛土功德莊嚴，佛土功德莊嚴。善現！若諸菩薩於無我、法無我、法無我、法深信解者，如來應正等覺說為菩薩菩薩。（藏傳版）

「須菩提！若菩薩作是言：『我當莊嚴佛土』，是不名菩薩。何以故？如來說：莊嚴佛土者，即非莊嚴，是名莊嚴。須菩提！若菩薩通達無我、法者，如來說名真是菩薩。」（漢傳版）

諸佛如來，如此不可思議

如來有五眼六通嗎？

以下講智慧殊勝與五眼六通：

佛告善現：「於汝意云何？如來等現有肉眼不？」
善現答言：「如是，世尊！如來等現有肉眼。」
佛言：「善現！於汝意云何？如來等現有天眼不？」
善現答言：「如是，世尊！如來等現有天眼。」
佛言：「善現！於汝意云何？如來等現有慧眼不？」
善現答言：「如是，世尊！如來等現有慧眼。」
佛言：「善現！於汝意云何？如來等現有法眼不？」
善現答言：「如是，世尊！如來等現有法眼。」
佛言：「善現！於汝意云何？如來等現有佛眼不？」
善現答言：「如是，世尊！如來等現有佛眼。」

佛告善現：「於汝意云何？乃至殑伽河中所有諸沙，如來說是沙不？」

善現答言：「如是，世尊！如是，善逝！如來說是沙。」

佛言：「善現！於汝意云何？乃至殑伽河中所有沙數，假使有如是等殑伽河，乃至是諸殑伽河中所有沙數，假使有如是等世界，是諸世界寧為多不？」

善現答言：「如是，世尊！如是，善逝！是諸世界其數甚多。」

佛言：「善現！乃至爾所諸世界中所有有情，彼諸有情各有種種，其心流注我悉能知。何以故？善現！心流注心流注者，如來說非流注，是故如來說名心流注心流注，所以者何？善現！過去心不可得，未來心不可得，現在心不可得。」

佛告善現：「於汝意云何？若善男子或善女人，以此三千大千世界盛滿七寶奉施如來應正等覺，是善男子或善女人，由是因緣所生福聚寧為多不？」

善現答言：「甚多，世尊！甚多，善逝！」

佛言：「善現！如是，如是，彼善男子或善女人，由此因緣所生福聚其量甚多。何以故？善現，若有福聚，如來不說福聚福聚。」（藏傳版）

「須菩提！於意云何？如來有肉眼不？」

「如是，世尊！如來有肉眼。」

「須菩提！於意云何？如來有天眼不？」

「如是，世尊！如來有天眼。」

「須菩提！於意云何？如來有慧眼不？」

「如是，世尊！如來有慧眼。」

「須菩提！於意云何？如來有法眼不？」

「如是，世尊！如來有法眼。」

「須菩提！於意云何？如來有佛眼不？」

「如是，世尊！如來有佛眼。」

「須菩提！於意云何？恒河中所有沙，佛說是沙不？」

「如是，世尊！如來說是沙。」

「須菩提！於意云何？如一恒河中所有沙，有如是沙等恒河，是諸恒河所有沙數，佛世界如是，寧為多不？」

「甚多，世尊！」

佛告須菩提：「爾所國土中，所有眾生，若干種心，如來悉知。何以故？如來說：諸心皆為非心，是名為心。所以者何？須菩提！過去心不可得，現在心不可得，未來心不可得。」

「須菩提！於意云何？若有人滿三千大千世界七寶以用布施，是人以是因緣，得福多不？」

「如是，世尊！此人以是因緣，得福甚多。」

「須菩提！若福德有實，如來不說得福德多；以福德無故，如來說得福德多。」（漢傳版）

以下講的是佛身殊勝、佛語殊勝與佛意殊勝。首先講的是佛身殊勝：

「佛身」為什麼殊勝？

佛告善現：「於汝意云何？可以色身圓實觀如來不？」

善現答言：「不也，世尊！不可以色身圓實觀於如來。何以故？世尊！色身圓實，色身圓實者，如來說非圓實，是故如來說名色身圓實色身圓實。」

佛告善現：「於汝意云何？可以諸相具足觀如來不？」

善現答言：「不也，世尊！不可以諸相具足觀於如來。何以故？世尊！諸相具足，諸相具足者，如來說為非相具足，是故如來說名諸相具足諸相具足。」（藏傳版）

「須菩提！於意云何？佛可以具足色身見不？」

「不也，世尊！如來不應以色身見。何以故？如來說：具足色身，即非具足色身，是名具足色身。」

「須菩提！於意云何？如來可以具足諸相見不？」

「不也，世尊！如來不應以具足諸相見。何以故？如來說：諸相具足，即非具足，是名諸相具足。」（漢傳版）

接下來講的是佛語殊勝：

「佛語」為什麼殊勝？

佛告善現：「於汝意云何？如來頗作是念：『我當有所說法耶。』善現！汝今勿當作如是觀。何以故？善現！若言如來有所說法，即為謗我 為非善取，何以故？善現！說法說法者，無法可說，故名說法。」（藏傳版）

「須菩提！汝勿謂如來作是念：「我當有所說法。」莫作是念，何以故？若人言：如來有所說法，即為謗佛，不能解我所說故。須菩提！說法者，無法可說，是名說法。」（漢傳版）

「佛意」為什麼殊勝？

以下是佛意殊勝與念住。接下來從三智行相[1]的念住開始講，在《現觀莊嚴論》中提到：「並三種念住，無忘失法性，永害諸隨眠，大悲諸眾生，唯佛不共法，說有八十種，及一切相智，說名為法

1 審譯註：三智，指一切相智、道相智、基智，三智各有行相，一切相智有百一十行相，道智有卅六行相，基智有廿七行相，共一百七十三行相。出自《現觀莊嚴論》。

身。」等顯示佛地的功德。

爾時，具壽善現白佛言：「世尊！於當來世後時、後分、後五百歲，正法將滅時分轉時，頗有有情聞說如是，色類法已能深信不？」

佛言：「善現！彼非有情，非不有情。何以故？善現！一切有情者，如來說非有情，故名一切有情。」（藏傳版）

爾時，慧命須菩提白佛言：「世尊！頗有眾生，於未來世，聞說是法，生信心不？」佛言：「須菩提！彼非眾生，非不眾生。何以故？須菩提！眾生、眾生者，如來說非眾生，是名眾生。」（漢傳版）

證菩提有什麼功德？

以下說明菩提功德：

佛告善現：「於汝意云何？頗有少法，如來應正等覺現證無上正等菩提耶？」

具壽善現白佛言：「世尊！如我解佛所說義者，無有少法，如來應正等覺現證無上正等菩提。」

佛言：「善現！如是，如是，於中少法無有無得，故名無上正等菩提。」（藏傳版）

須菩提白佛言：「世尊！佛得阿耨多羅三藐三菩提，為無所得耶？」

如是，如是！須菩提！我於阿耨多羅三藐三菩提乃至無有少法可得，是名阿耨多羅三藐三菩提。」

（漢傳版）

什麼是無漏智？

以下大概是在說無漏智，在初始時沒有任何一個有漏智，也沒有一個無生智：

「復次，善現！是法平等，於其中間無不平等，故名無上正等菩提，以無我性、無有情性、無命者性、無士夫性、無補特伽羅等性平等，故名無上正等菩提，一切善法無不現證，一切善法無不妙覺。善現！善法善法者，如來一切說為非法，是故如來說名善法善法。復次，善現！若善男子或善女人，集七寶聚量等三千大千世界其中所有妙高山（須彌山王），持用佈施，若善男子或善女人，於此般若波羅蜜多經中，乃至四句伽陀，受持、讀誦、究竟通利，及廣為他宣說、開示、如理作意。善現！前說福聚於此福聚，百分計之所不能及，如是千分，若百千分，若俱胝百千分，若俱胝那庚多百千分，若數分，若計分，若算分，若喻分，若鄔波尼殺曇分亦不能及。」（藏傳版）

「復次，須菩提！是法平等，無有高下，是名阿耨多羅三藐三菩提；以無我、無人、無眾生、無壽者，修一切善法，則得阿耨多羅三藐三菩提。須菩提！所言善法者，如來說非善法，是名善法。

「須菩提！若三千大千世界中所有諸須彌山王，如是等七寶聚，有人持用布施；若人以此般若波羅蜜經，乃至四句偈等，受持讀誦、為他人說，於前福德百分不及一，百千萬億分，乃至算數譬喻所不能及。（漢傳版）

佛為何教授大法？

以下講的是大法的教誨之因：

佛告善現：「於汝意云何？如來頗作是念：『我當度脫諸有情耶。』善現！汝今勿當作如是觀。何以故？善現！無少有情如來度者，善現！若有有情如來度者，如來即應有其我執、有有情執、有命者執、有士夫執、有補特伽羅等執。善現！我等執者，如來說為非執，故名我等執。而諸愚夫異生強有此執，善現！愚夫異生者，如來說為非生，故名愚夫異生。」（藏傳版）

「須菩提！於意云何？汝等勿謂如來作是念：『我當度眾生。』須菩提！莫作是念。何以故？實無有眾生如來度者，若有眾生如來度者，如來則有我、人、眾生、壽者。須菩提！如來說：『有我

者，則非有我，而凡夫之人以為有我。』須菩提！凡夫者，如來說則非凡夫。」（漢傳版）

佛有「三十二相」嗎？

接下來說明佛色身中的應化身「三十二相」：

佛告善現：「於汝意云何？可以諸相具足觀如來不？」

善現答言：「如我解佛所說義者，不應以諸相具足觀於如來。」

佛言：「善現！善哉，善哉，如是，如是，如汝所說，不應以諸相具足觀於如來。善現！若以諸相具足觀如來者，轉輪聖王應是如來，是故不應以諸相具足觀於如來，如是應以諸相非相觀於如來。」（藏傳版）

「須菩提！於意云何？可以三十二相觀如來不？」

須菩提言：「如是，如是！以三十二相觀如來。」

佛言：「須菩提！若以三十二相觀如來者，轉輪聖王則是如來。」

須菩提白佛言：「世尊！如我解佛所說義，不應以三十二相觀如來。」（漢傳版）

佛有「八十隨形好」嗎？

接下來講的是佛的「八十種隨形好」。因為這個佛身，是如同《中論》中所說「善滅諸戲論」[2]，以不具備任何特質為特徵。「佛身」分為「自利法身」與「他利色身」，其中所提到的「自利法身」，是除了唯諸佛薄伽梵互相通達以外，佛所要度化攝受的弟子眾「所化機」，是無法看到法身的。

爾時，世尊而說頌曰：「『諸以色觀我，以音聲尋我，彼生履邪斷，不能當見我』，應觀佛法性，即導師法身，法性非所識，故彼不能了。」

佛告善現：「於汝意云何？如來應正等覺以諸相具足，現證無上正等覺耶？善現！汝今勿當作如是觀。何以故？善現！如來應正等覺不以諸相具足，現證無上正等菩提。」（藏傳版）

爾時，世尊而說偈言：「『若以色見我，以音聲求我，是人行邪道，不能見如來。』」「須菩提！汝若作是念：『如來不以具足相故，得阿耨多羅三藐三菩提。』須菩提！莫作是念。如來不以具足相故，得阿耨多羅三藐三菩提。」（漢傳版）

2 善滅諸戲論，出自龍樹菩薩《中論》禮佛讚，意思是佛陀以因緣法善巧止息各種概念造作的邊見戲論。

接下來說明不住輪涅二邊：

佛為何不住輪涅二邊？

「復次，善現！如是發趣菩薩乘者，頗施設少法若壞若斷耶？善現！汝今勿當作如是觀，諸有發趣菩薩乘者，終不施設少法若壞若斷。」（藏傳版）

「須菩提！汝若作是念：『發阿耨多羅三藐三菩提者，說諸法斷滅相。』莫作是念。何以故？發阿耨多羅三藐三菩提心者，於法不說斷滅相。」（漢傳版）

「若壞若斷」是指任何一種法壞滅，那就是說明墜落在寂靜邊；沒有「若壞若斷」，指的是，佛度化眾生的事業不斷續流的意義吧！

誰的福德資糧比較多？

「復次，善現！若善男子或善女人，以殑伽河沙等世界盛滿七寶，奉施如來應正等覺，若有菩薩於諸無我，無生法中獲得堪忍，由是因緣所生福聚甚多於彼。復次，善現！菩薩不應攝受福聚。」具壽善現即白佛言：「世尊！云何菩薩不應攝受福聚？」佛言：「善現！所應攝受，不應攝受，

是故說名所應攝受。」（藏傳版）

「須菩提！若菩薩以滿恒河沙等世界七寶布施；若復有人知一切法無我，得成於忍，此菩薩勝前菩薩所得功德。須菩提！以諸菩薩不受福德故。」

須菩提白佛言：「世尊！云何菩薩不受福德？」

「須菩提！菩薩所作福德，不應貪著，是故說不受福德。」（漢傳版）

佛有行住坐臥嗎？

「復次，善現！若有說言如來若去、若來、若住、若坐、若臥，是人不解我所說義。何以故？善現！言如來者即是真實，真如增語，都無所去，無所從來，故名如來、應、正等覺。」（藏傳版）

「須菩提！若有人言：『如來若來若去、若坐若臥。』是人不解我所說義。何以故？如來者，無所從來，亦無所去，故名如來。」（漢傳版）

為什麼要聞思修？

以下是圓滿獲得所有世間的智慧：

「復次，善現！若善男子或善女人，乃至三千大千世界大地極微塵量等世界，即以如是無數世界，色相為量如極微聚。善現！於汝意云何？是極微聚寧為多不？」

善現答言：「是極微聚甚多，世尊！甚多，善逝！何以故？世尊！若極微聚是實有者，佛不應說為極微聚，所以者何？如來說極微聚即為非聚，故名極微聚，如來說三千大千世界即非世界，故名三千大千世界。何以故？世尊！若世界是實有者即為一合執，如來說一合執即為非執，故名一合執。」

佛言：「善現！此一合執不可言說、不可戲論，然彼一切愚夫異生強執是法。何以故？善現！若作是言，如來宣說我見、有情見、命者見、士夫見、補特伽羅見、意生見、摩納婆見、作者見、受者見。於汝意云何？如是所說為正語不？」

善現答言：「不也，世尊！不也，善逝！如是所說非為正語，所以者何？如來所說我見、有情見、命者見、士夫見、補特伽羅見、意生見、摩納婆見、作者見、受者見，即為非見，故名我見乃至受者見。」

佛告善現：「諸有發趣菩薩乘者，於一切法應如是知，應如是見，應如是信解，如是不住法想。何以故？善現！法想法想者，如來說為非想，是故如來說名法想法想。」（藏傳版）

「須菩提！若善男子、善女人，以三千大千世界碎為微塵，於意云何？是微塵眾寧為多不？」

「甚多，世尊！何以故？若是微塵眾實有者，佛則不說是微塵眾。所以者何？佛說微塵眾，則非微塵眾，是名微塵眾。世尊！如來所說三千大千世界，則非世界，是名世界。何以故？若世界實有者，則是一合相。如來說一合相，則非一合相，是名一合相。」

「須菩提！一合相者，則是不可說，但凡夫之人貪著其事。須菩提！若人言：『佛說我見、人見、眾生見、壽者見。』須菩提！於意云何？是人解我所說義不？」

「世尊！是人不解如來所說義。何以故？世尊說我見、人見、眾生見、壽者見，即非我見、人見、眾生見、壽者見，是名我見、人見、眾生見、壽者見。」

「須菩提！發阿耨多羅三藐三菩提心者，於一切法，應如是知，如是見，如是信解，不生法相。」

（漢傳版）

以上說明二諦所收攝的一切法，首先要聞修，一而再，再而三的去思維到確信，然後要串習、熟悉並生起信心。

為什麼要讓自他都修《金剛經》？

「何以故？善現！法想法想者，如來說為非想，是故如來說名法想法想。」（藏傳版）

「須菩提！所言法相者，如來說即非法相，是名法相。」（漢傳版）

以下說明無煩惱法的智慧：

「復次，善現！若菩薩摩訶薩，以無量無數世界盛滿七寶，奉施如來、應、正等覺；若善男子或善女人，於此般若波羅蜜多經中，乃至四句伽陀，受持、讀誦、究竟通利、如理作意，及廣為他宣說、開示，由此因緣所生福聚，甚多於前無量無數，云何為他宣說、開示？如不為他宣說、開示，故名為他宣說、開示。」（藏傳版）

「須菩提！若有人以滿無量阿僧祇世界七寶持用布施，若有善男子、善女人，發菩薩心者，持於此經，乃至四句偈等，受持讀誦，為人演說，其福勝彼。云何為人演說？不取於相，如如不動。何以故？」（漢傳版）

第十二章 金剛經九喻，讓你大夢初醒

《金剛經》四句偈，是千古名訣，
佛陀以夢幻星翳等九個譬喻，幫我們從輪迴大夢醒過來。

迴向佛果

《般若波羅蜜多心經》

觀自在菩薩，行深般若波羅蜜多時，照見五蘊皆空，度一切苦厄，舍利子，色不異空，空不異色，色即是空，空即是色，受想行識，亦復如是，舍利子，是諸法空相，不生不滅，不垢不淨，不增不減，是故空中無色，無受想行識，無眼耳鼻舌身意，無色聲香味觸法，無眼界，乃至無意識界，無無明，亦無無明盡，乃至無老死，亦無老死盡，無苦集滅道，無智亦無得，以無所得故，菩提薩埵，依般若波羅蜜多故，心無罣礙，無罣礙故，無有恐怖，遠離顛倒夢想，究竟涅槃，三世諸佛，依般若波羅蜜多故，得阿耨多羅三藐三菩提，故知般若波羅蜜多，是大神咒，是大明咒，是無上咒，是無等等咒，能除一切苦，真實不虛，故說般若波羅蜜多咒，即說咒曰，揭諦揭諦　般羅揭諦　波羅僧揭諦　菩提薩婆訶。

《迴向偈》

願消三障諸煩惱，願得智慧真明了；

普願罪障悉消除，世世常行菩薩道。

瞿曇大聖主，憐憫說是法，

悉斷一切見，我今稽首禮。

成佛之因有三種

一如龍樹菩薩在《中觀寶鬘論》說：

自與此世間，欲得大菩提，
本謂菩提心，堅固如山王，
大悲遍十方，不依二邊智。

假使我們自己與這個世界（的有情），想證得那無上正等正覺，根本是菩提心，讓它像大山之王那般穩固，（再加上）遍滿十方的大悲心，超越二元的智慧，（——這三者，就是證悟之因）。

無論是自己或他人，若想獲得斷除一切過患、具備一切功德的究竟圓滿佛果，必須具備「成就一切種智」齊全且無失的因，那是指什麼？龍樹菩薩在《中觀寶鬘論》中說，有三種「齊全且無失之因」，可以「成辦一切種智之果」：

一、空正見：就是一切正見，所謂的正見，就是「一切依緣而生的事物，本質必定是空性」的空正見。一旦通達了這樣的「空正見」，以如是智慧為助伴，就可以真正生起「願為一切眾生斷除苦因與受苦的習氣而努力」的發心。

二、**大悲心**：有了這樣「願度化苦因中的眾生」的發心，就可以生起真正的慈悲心。

三、**菩提心**：生起真實慈悲心之後，就能實踐「世俗菩提心」的兩種菩提心，發起願菩提心，並行持行菩提心；並且依空正見，實修「勝義菩提心」，也就是真實菩提心、主要菩提心。如此，就圓滿俱足了「證得一切種智」、也就是「遍知佛果」的三種因。

理解哪些是成辦佛果的因之後，你需要建立堅定的信心，必須對這些因緣加以通曉。這顆此刻仍難以駕馭的心，無知的心、尚未調伏的心，應該慢慢地被轉化，你應該增長，希求獲得那樣的佛果，擁有如佛那樣遍知一切的心。

我們經常會發願說：「願成佛！」比如我們在念誦〈皈依發心文〉的時候，內心會發願：「為利有情願成佛。」這樣的發願，若非只是口頭念念，而是全心全意發起此願，就應該先瞭解成辦佛果的齊全之因，知道之後，反覆思維它而獲得信心，在這樣信心的基礎上修行此因，逐漸斷除心續上的凶惡、無知及無調伏等障礙，最後才會成就最殊勝的「一切種智」：無上佛果。

所以，整個佛教的教法涵蓋了顯乘與密乘，都在指引我們證得佛果。你必須修持這三項功課，以便成就那樣的果，這也是大乘之道的根本。以上是為利根者所作的總說。

為什麼這三因讓佛果成熟？

依照我之前引述，這三種成佛之因，按照龍樹菩薩所說的順序，應該是這樣的：

一、「**本謂菩提心，堅固如山王**」：首先，我們必須建立菩提心。三項成佛根本成因的第一項，就是要生起像大山之王一樣穩固的菩提心。

二、「**大悲遍十方**」：為了生起菩提心，你需要培養一種特別的決心，對眾生有情具有強大的悲心來消弭他們的苦難，要能承擔得起利他的動機，不僅需要難忍他人之苦，更需要一種誓願救拔有情，出離「受苦之因」及「受苦習氣」的大悲心。

三、「**不依二邊智**」：要生起這種大悲心，先要知道痛苦是可以消除的。你得先有一種堅定信心，相信我們有可能對治所有的負面事物、所有令人痛苦的事，因為，正是我們的無明導致了這些痛苦。無明只是某種可以被根除的東西。為了要把無明以及無明留下的殘餘染污與影響連根拔除，必須對空性獲得真正的理解。明白了這個道理，就能理解自己是可能證得涅槃與解脫的；同樣地，我們也看到所有眾生都擁有擺脫這種無明與其影響的機會。於是，你發願要消除所有眾生有情心續中的這些無明。

痛苦是由無明生起的，若是無明，就應該有對治。無明有很多種，最根本的無明是對本質的無明，還有因此產生的習氣。這種無知的對治就是了悟空性的智慧。所以不僅瞭解這種不落二邊之智慧，而且若能生起一點點體驗的話，就會知道痛苦是可以消除及可以分離的。就自利而言，也會了悟到解脫是可能的；就利他而言，把「空正見」的觀點轉移到利他之上，自然會了悟被無明所控制的無邊虛空一切眾生，他們的無明都是可以根本消除的，這樣就同時可以生起「救渡一切眾生出離苦及苦因」的信心。

所以，龍樹菩薩才會說，假使我們希求證得無法超越的覺悟，就要依這樣的順序來修行：生如山王那樣穩固的菩提心，遍及十方的大悲心，以及超越二元的智慧。

空性：看起來是這樣，實際上不一樣

至於我們現在討論的《略般若經》，也就是《金剛經》，主要說的是一切現象在不觀察不思維狀態下，有利、損、好、壞之區分；但在加以檢視觀察後，發覺這些都是無自性、本質上是不真實存在的。事物並不如它們看起來那樣的存在，它們僅僅是我們由概念與語言而假名安立。雖然這才是事物真實存在的樣子，然而，展現在我們面前時，它們是完全不同的樣子，它們好像就如看起來那樣存在。事物的這種顯現方式，並不是真實的，可是我們看到這些顯現後，卻很固執地堅持，它們是依這種方式存在。

這種顛倒的認知，是產生所有煩惱念頭與情緒的根源。於是，為了對治這種誤認、以及產生所有誤認與妄念的根源，佛陀傳授我們這種深奧的空性智慧。

一切事物，都是相互依存的

從不淨的蘊處界[1]，乃至一切事物，都由因緣的影響而不斷的變化，這不用理論，在日常生活中我們都會看見。因為這一切的變化都是在因緣的影響下而產生，所以這些變化都不是自己能決定，而是取決於因緣和合的其他因素。沒有什麼事物是不依賴其他事物而存在的。這表示，如果事物是彼此依賴的，它們就不能是自主獨立地存在。

所以事物的「依存關係」與它們「自主獨立」的本性，兩者是直接相違的，沒有第三種可能性。如果不是前者屬實，就是後者為真，不會有其他的可能。因為事物並不是自主獨立的，因為沒有什麼是獨立自主存在的，所以我們很清楚知道了，事物並不具有自主獨立的存在。然而當它們展現在我們面前，完全不是這樣子，而像是如同看起來那樣的存在。不過，如果你仔細思維這件事，就能清楚覺知它們彼此依賴，並不是自主獨立的。因此，很明確的知道：一切現象的本質，沒有不相互依存的。

1 編註：蘊界處，指五蘊、十二處、十八界，「五蘊」是色受想行識，「十二處」六根加六塵，「十八界」六根、六塵加六識。

明光：燒去染污，燒不去光明

三次轉法輪，都說一顆心

再來就是「心的本性是明光」，是宣說心的本質是明光。在《如來藏經》裡面談到「心的本性是光明」，在《般若經》中也說：「於心無有心，心自性光明。」，有些智者解說《般若經》中所說這兩句偈時，認為它們顯示了佛陀三次轉法輪的法義。如何顯示呢？

一、**初轉法輪**：說「於心」時，揭示了不清淨和清淨之心，也就是指「輪迴之心」和超越輪迴的「涅槃之心」兩種心，依隨其心而產生苦、樂的果報，因此說明了初轉法輪的意義。

二、**二轉法輪**：「無心」指的是作為苦樂之根的心，這個心有沒有真實存在的本質？它就如心中顯現那樣存在嗎？如果這個心就如心中所顯現那樣存在的話，那麼它自性是什麼？特性又是什麼？這樣去觀察心的自性與心的特性時，本來應該越觀察越清楚，但結果卻找不到，因此說是「無心」。「無心」就說明了二轉法輪的意義。

三、**三轉法輪**：接下來說「心的本性是光明」時，這個光明如果指的是心「對境」的光明，那麼就指二轉法輪時所說的法性「空性」；如果這個光明指的是「有境」的心自身的光明，那麼指的就是三轉法輪時所說的「心本性是光明。」

石棉衣上的污垢

那是如何做到的？龍樹菩薩在《法界讚》中舉例，如果你弄髒一件石棉編織的衣服，沾滿了灰垢，你可以用火燒衣服，把衣服上的灰塵燒掉，但是衣服本身，並不會被燒毀。同樣的，儘管明光之心會被負面念頭、情緒以及它們的習氣染污所遮蔽，然而一旦運用智慧體現空性，這些蒙蔽心的錯覺，將被智慧之火燒盡，而智慧本身、明光之心本身的基礎本質並不會燒毀。它不會被毀滅，倒是那些染污，會從我們的心續中消除。

那就像是我們對治了心中染污的成果。然而這個基礎的明光之心，並不會燒毀。因此，我們的無明被對治與滅除了，而明光之心並沒有被消滅。藉由那樣燒掉存在於我們心續中的染污，你可以證得佛的遍知之心。

讓佛法成為你的真實體驗

密乘論典中提到了原因以及心的各種細微層次。藉由運用心的這些不同層次，你可以對治、深入非常細微的層次或智慧，透過這個細微的心去檢視事物，你能獲得非常殊勝的智慧，來對治心中的負面事物。

所以，一方面，要對治心的負面狀態是可能的；另一方面，心有一個明光的本質，所以能證得原本就具足的美好本質——因為這兩者，我們才能說自己有機會在修行路上前進，經歷菩薩地等種種的修行階段，乃至最終圓滿成就佛果。從佛陀到我們身處的這個時代，的確有些已經圓滿證得這些地道功德的佛；但是，如果硬要用我們的手指指出其中一位這樣的佛，現在這個時代，幾乎辦不到了；即便只是要指認出某個已經證得奢摩他（samatha），也就是有「止」這種修行的人，都是相當困難的了。

專注很好，但離開智慧就不是佛法

如果對佛法缺乏整體的理解，只是修「止」或定力，是沒什麼了不起的。即使是一位非佛教徒，也可以培養這種體驗。如果禪修專注心、培養專注心就已經足夠的話，佛陀就不需要傳授我們這些不同的經典了。龍樹菩薩也是，他也沒有必要寫出這些艱澀的論典。

所以，如果你希望培養定力，你必須在正見的基礎上，在智慧的願景下培養，了解所有不同的因緣，將會引導你經歷所需要的禪修。然後你坐下，進入正行，開始修持。

首先必須要很清楚明白修定力的意義，然後進入正行時，修的排列不能顛倒。

另外一種說法是，所謂的「一切遍智」可以解釋成「一切法智」，所謂的「一切法智」，是指「能通達心之自性，即能通達心之自性所知一切法」，所以不需要另外去證得。我們具有的覺知本來就具備了通達自心本性的能力，但是被無明所障礙，所以不能通達。如果能去除無明，它就有通達自性的能力，也能通達自心所齊備所知的一切法。

依密乘觀點來說，心可分粗與細，粗分的心所緣境是比較一般的；但當心變得越來越細時，能在這個心上增加智慧的話，這個細微的心上可能會證得特別殊勝的智慧。因此在無上密續當中，心分為微細和極微細，這個更細微的心就能修持瑜伽道，這就是把微細之心轉變為道的方法。這裡講的「方便法」是很深奧的。

去除「我執」的愚癡，貪嗔就斷根

所謂悅不悅意、喜不喜歡，都與「我」有關，若不牽扯這個「我」，我們就沒辦法表達。比如我們對貪嗔對境是喜歡或不喜歡，都是以「我」的感覺來講的，沒有跟「我」毫無關係的喜不喜歡。所以生起貪和嗔，從某種角度看，似乎和「對境」有直接關係；但從另一方面來看，其實和「執境」的心有更大的關係。如果產生強大的「我是單一、獨立」的念頭，那麼就會產生強大的我執心。所以在有強烈的我執心時，對我有利益之境就會產生貪之念，相反的，對我有害處之境就會產生嗔。

所以我們需要減少我執心，應該想辦法減少「我是單一、自主」的念頭，「人無我」就是對治這種念頭的良藥。如果說就外境而言，我們貪愛的對境如色跟聲等是無自性時，則是在說「法無我」。若了悟「用者」和「受用物」都是無自性時，將會減少對這兩者的「單一、獨立」的執著。如此一來，貪和瞋自然而然也會減少。

所以聖天菩薩在《中觀四百頌》中提到：

如身中身根，癡遍一切住，

故一切煩惱，由癡斷隨斷。

就像治療身體的病，要從病根下手，（治療心病也一樣，）愚癡是一切煩惱的根，一切煩惱都由它而起，斷除愚癡，（貪嗔等）一切煩惱也會跟著斷除。

以「止」為基礎，修「空正見」與「菩提心」

那麼如何修才可以斷除愚癡呢？以專注的心關注在一個所緣境上時，會有一種很強烈的感受；以此為基礎，然後修行空性的見地和菩提心的話，會有很大的幫助，這是可以斷定的。在我認識的人裡，就有以上所說的這種行者，

我想呼籲在場的每個人，在法的修行上能付諸心力，別讓這些關於資糧道、加行道、見道以及修道等教法，只能停留在以文字呈現的經典上，要讓它們成為個人體驗。當然，要達到這些道地果位並

不容易，可是我們必須努力，讓它成為自己的體驗，讓這些教法融入自己的心。

所以在座的大眾們，大家也應該努力去修行，要把握時間去修行。對我而言，我可以說我還沒有修成那種定境，因為我實在太忙，根本沒有時間去修行，也許這樣的藉口還可以。但是你們有空的人，應該好好的把握時間去努力修行。我相信大家都信賴經典裡所說的教法，在這樣的基礎下，若能努力一點的話，一定能得到結果。不然在經典裡所說的「地道」，或資糧道、加行道、見道、修道這些都好像只是說說而已，實際上好像不存在。如果這樣下去是不好的。所謂的這些地道都是建立在我們的心續中，而並不在外。所以今天我在此呼籲法友們，一定要把握時間精勤修行，這是非常重要的。

金剛經九喻

如星翳燈幻，露泡夢電雲。一切有為法，應作如是觀。（藏傳版）

一切有為法，如夢幻泡影，如露亦如電，應作如是觀。（漢傳版）

第一喻，如星

《金剛經》中，「如星翳燈幻」這句偈文，像是這整部經典的一個摘要。

這裡的「星翳」，我看過不同的解釋，這裡給你們其中一種說法，星翳就是夜晚天空中的星星。在夜晚時，我們能看見所有的星星；但是，白天就看不見了。就像這樣。所以，像是星星的事物，在白天是看不見的，但是晚上就見得著。

我們在看待事物時，未經分析審察，看見它在面前，就像是星星在夜晚一樣地展現；然而，如同我們在白天看不見星星那樣，當你的心完全融入於空性中，事物的各種顯現都會消失，展現的，只有它們的本質。

所以這說明了每件事物都有兩種本質——表面上看到的顯相，以及勝義的本質。表面上的顯相，是我們能看到、感覺到的它們的樣子，不經任何檢視，只是它們在我們面前展現的那個樣子；另一種是當你確認、檢視事物是否有真實的存在，然後你看起來找不到它，這就是事物的勝義本質。

第二喻，如翳

接下來講的是「二諦」[2]。關於事物的體性，當我們「不尋不伺」，不做分析觀察的當下，會獲得一種「伺察名言」，也就是只做世俗上的表相觀察，會得到一種假名安立的覺知；然而就本質面去看，去觀察勝義本性時，會獲得一個勝義諦本性——所以，一個法（現象）[3]上都有二諦之本質。

月稱菩薩《入中論》說：「由於諸法見真妄，故得諸法二種體」，所講的意思就是這樣。舉個例子來講，比如有一個盲人，他根本看不到事物的實際狀況，可是這並不代表事物不存在，只是因為眼睛被眼翳病或現代話叫白內障所蒙蔽才看不到。因此，就如同這樣。一切事物的本質是自性空，但是被無明所蒙蔽，眾生才無法見到事物的真實本性。因此，在《入中論》解釋「世俗諦」句中「諦」的意思時，說：「癡障性故名世俗，假法由彼現為諦」，就是說無明矇蔽了、障礙了我們見到本性的能力，因此無法看到本性。事物是存在的，但被白內障所蒙蔽的人看不到；勝義實相不是不存在，只是被無明所遮障的人也一樣看不到。以上講的是「如翳」的意思。

2 編註：二諦，即世俗諦與勝義諦，諦指真理，世俗諦指世間顯相的法則，勝義諦指出世間本質的實相。

3 編註：這裡指一切因緣和合而顯現為暫時有功用的事物。

第三喻，如燈

「如燈」指的是顯現的事物雖然本質是空性，但因緣和合的緣故，顯相上還是有暫時存在。如頁唐仁波切所說的：

眾多因緣緣起法，聚集名言假安立，遠離獨立自主徵。

經由聚集所有不同的因緣，因為這種相互依賴、緣起而生，我們必須在事物上安立假名，為它們貼上標籤，變成可以指稱的這個、那個。假名安立正好顯示事物並不具有自主獨立的存在，這是它們缺乏自主獨立存在的一個象徵。顯相上事物的確存在，但是它們的存在，仰賴許多不同的因緣聚合，是暫時的存在。意思就是這樣，內外因緣聚集時，在顯相上就生起或顯現了某些事物。這些因緣和合的現象，都是世俗上所暫時安立的，而不是一種單一獨立的自性。

但是一旦因緣和合，還是產生了「能做」和「所做」的一切現象，譬如說，一支燃燒的油燈在一開始是不存在的，它是由許多因緣聚合而成立，而且只有燈瓶、燈油、燈芯、還有點燈的火，這樣還不夠，還需要在無風的環境條件下才可燃起。

還有油燈可以去除黑暗，也有燃燒的能力，當我們想一想為什麼會具有這種能力，就會知道這都如前面所說，是由很多因緣和合而產生。

這裡用油燈做例子，是要說明：一切現象雖是空性，但在世俗諦上，還是有一切能做、所做的功用在顯現。

以上那三句用「如星翳燈幻」做為例子，說明一切現象在妙觀勝義智慧的觀察下，都是空性的；而在世俗諦的相對覺知裡，是顯現為存在的。

那麼如果有人問：為什麼我們看不見或覺察不到妙觀勝義慧的所行境「空性」呢？經典裡解釋，是因為被無明的障礙所矇蔽，而無法了知。如果有人反過來問：因為一切都是空性，所以「能做」和「所做」就不存在？我們就會用以上油燈的例子來回答和說明：一切現象都有表相和本質兩種真實面，沒有修行的我們無法瞭解勝義法性，是因為被無明所障礙矇蔽；雖然說本質上是空性，但現象上還是有「能做」與「所做」的作用顯現。

第四喻，如幻

第四個譬喻是幻相。前面我們提到，事物不具備任何本有的自性，然而由於因緣，它們的確產生作用。之所以如此，是由於因緣和合，在顯相上事物的作用是存在的——這時衍生出了另一個問題是：如果事物僅僅是我們的心所給予的假名安立，那它們如何能以這個、那個東西的顯相發生作用？

為了回答這個問題，我們以幻相打比方。當一位魔術師在變魔術時，他可以變出各種事物，讓觀眾真實感受到效果。經由魔術的幻相，魔術師能引發觀眾的恐懼、快樂等情緒。同樣地，當我們看電影，在電影中看到人們過世、感覺開心或悲傷之類的情緒——但我們知道在架設螢幕的那一端，什麼事也沒發生。那些電影中正在哭泣的人，並沒有真的站在那裡。同樣的道理，雖然本質上並不真實存在，但那些現象上曾經發生的事物，的確能對我們帶來傷害或利益，造成快樂或痛苦。那些讓我們哭、讓我們笑的現象，只是因緣聚合而創造出來的，就像電影的影相，就像魔術師的魔術一樣，因此這裡用幻相來比擬並說明。

第五喻，如露

接下來是講「無常」，是指諸行的本性、情器一切世間法的本質，都是無常的，這裡我們用露水為例子，草頭的露珠只是暫時性的，當它接觸到陽光的照射後，就會迅速　掉。因緣和合的一切現象，就像露水一樣，每一剎那都在變化，然後最終會輕易壞滅掉。

第六喻，如泡

接下來的比喻是「水泡」。這是講輪迴的本質即是苦，就像水泡的本性即是水；就像這樣，我們所感覺到的樂受或不苦不樂的捨受，其實本質全部皆是苦。就如《入胎經》所說：「生時以苦之本性而生，死時以苦之本性而死，住時亦是苦之本性而住。」就像從水裡冒出來的水泡一樣，不管它飄流在大浪中也好，飄流在小流中也好，這些且都是水的本性。所以由業力或煩惱生起的一切現象，由於都是在業力和煩惱的控制下而生起，皆是「有漏法」[4]，因此本質也都是苦。

第七喻，如夢

接下來的三種比喻——夢、電、雲，說明的是事物存在的本質如同因緣聚合的果，換句話說，可以視它們為正在作用的事物，就像夢一樣，在夢境中你看見了一件事物，然而當你醒來，那裡什麼也沒有，它不見了。

接下來的例子是夢、電和雲。過去的事就像一場夢，只存在我們的回憶之中；而現在呢，現在就像閃電，只是在一剎那間而已，此法上去觀察勝義之本性時，可獲得一個勝義諦的本性，所以，一個有為法上都有二諦之本質。

第八喻，如電

所以，事物也如同因緣聚合的果而存在；閃電的產生，也必須因緣際會，由於雲在空中生成等種

4 編註：有漏法，是指世間法，能讓有情生起煩惱業力，相應於輪迴；與之相對的是「無漏法」，指出世間法，能讓有情出離三界，相應於解脫。

種的因素，閃電才會發生。

第九喻，如雲

同樣地，雲也經由不同的因緣而形成。所以，換句話說，這三種比喻，展現的是就過去、現在、未來而言，三種事物的無常本質。

說到因緣聚合而生的事物，我們可以以「雖是因緣聚合的結果，仍然會起作用」這樣來理解。聚合，是就因緣聚合的觀點而言。然而不一定要因緣和合，才有假名安立，我們也能以「沒有因緣聚合的現象，來理解事物被假名安立的本質，比如非因緣和合的「虛空」，僅僅是在「無障礙出現」的現象上所做的假名安立——在這個空的空間裡，沒有障礙出現的這件事實，被貼上「無為虛空」（不是因緣和合而起作用的虛空）的標籤。對於聚合這個字，我們也能以「起作用的事物」「與不起作用的事物」這兩種觀點來理解。

圓滿：皆大歡喜，信受奉行

時，薄伽梵說是經已，尊者須菩提及諸比丘、比丘尼、優婆賽、優婆夷，並諸世間天、人、阿素洛、健達縛等，聞薄伽梵所說經已，皆大歡喜，信受奉行。（藏傳版）

佛說是經已，長老須菩提及諸比丘、比丘尼、優婆塞、優婆夷、一切世間、天、人、阿修羅，聞佛所說，皆大歡喜，信受奉行。（漢傳版）

《聖般若波羅蜜多能斷金剛大乘經》講說，到此圓滿結束。

尊者迴向偈

入菩薩行論・迴向偈[1]

乃至有虛空，以及眾生住，
願吾住世間，盡除眾生苦。

只要有虛空的地方，就有有情眾生；
（只要有有情眾生的地方，就有煩惱痛苦；
虛空那樣無邊無際，有情也那樣無數無量，痛苦也那樣無窮無盡，）
只要還有一個眾生在受苦，我就祈願自己繼續住留在世間，
為淨除眾生的痛苦而努力，直到一切有情都不再受苦。

1 編註：達賴喇嘛尊者 1989 年得到諾貝爾和平獎，在挪威奧斯陸發表得獎感言時，引寂天菩薩《入菩薩行論》〈迴向品〉中最著名的這四句偈，作為結語祈願。
本書審定佛子與編輯一起校訂稿件時，每天工作結束，也必引尊者最鍾愛的這個迴向偈作迴向。
因此，本書以此這四句偈作為迴向，祈願有緣依本書聞思修的法友，都和尊者一起發願，願為一切有情的安樂而努力，直到世間不再有任何一位有情受苦。

中英名詞對照（依筆劃排列）

一切有部	Sravastivadan
《三十七道品》	the 37 Harmonious Paths to Enlightenment
大梵天	the Maha Brahma
小乘有部	Vaipashikas
《中觀寶鬘論》	Precious Garland
化身	the Divine Body of the Emanation
布施、供養的對象	object
布施者	agent
伊斯蘭教	Islam
佛護論師	Buddhapalita
法稱論師	Dharmakirti
律	Vinaya
耆那教	Jainism
基督教	Christianity
奢摩他、止	samatha
清辯論師	Bhavya
報身	the enjoyment Divine Body
經	Sutra
經部	Sautrantikas
瑣羅亞斯德教、祆教、拜火教	Zoroastrianism
數論派	the Samkhyas
論	Abhidharma
《寶性論》	Uttaratantrashastra
《釋量論》	Pramanavarttika

眾生文化出版書目

噶瑪巴教言系列			
1	報告法王：我做四加行	作者：第十七世大寶法王 鄔金欽列多傑	300 元
2	法王教你做菩薩	作者：第十七世大寶法王 鄔金欽列多傑	320 元
3	就在當下	作者：第十七世大寶法王 鄔金欽列多傑	500 元
4	因為你，我在這裡	作者：第一世噶瑪巴 杜松虔巴	350 元
5	千年一願	作者： 米克・布朗	360 元
6	愛的六字真言	作者： 第 15 世噶瑪巴・卡恰多傑、第 17 世噶瑪巴・鄔金欽列多傑、第 1 世蔣貢康楚仁波切	350 元
7	崇高之心	作者：第十七世大寶法王 鄔金欽列多傑	390 元
8	深藏的幸福：回憶第十六世大寶法王	作者：諾瑪李維	399 元
9	吉祥如意每一天	作者：第十七世大寶法王 鄔金欽列多傑	280 元
10	妙法抄經本__心經、三十五佛懺悔文、拔濟苦難陀羅尼經	作者：第十七世大寶法王 鄔金欽列多傑	300 元
11	慈悲喜捨每一天	作者：第十七世大寶法王 鄔金欽列多傑	280 元
12	上師之師：歷代大寶法王噶瑪巴的轉世傳奇	講述：堪布卡塔仁波切	499 元
13	見即解脫	作者：報恩	360 元
14	妙法抄經本__普賢行願品	作者：第十七世大寶法王 鄔金欽列多傑	399 元
15	師心我心無分別	作者：第十七世大寶法王 鄔金欽列多傑	280 元
16	法王說不動佛	作者：第十七世大寶法王 鄔金欽列多傑	340 元
17	為什麼不這樣想？	作者：第十七世大寶法王 鄔金欽列多傑	380 元
18	法王說慈悲	作者：第十七世大寶法王 鄔金欽列多傑	380 元
講經系列			
1	法王說心經	作者：第十七世大寶法王 鄔金欽列多傑	390 元
經典開示系列			
1	大願王：華嚴經普賢行願品釋論	作者：堪布 竹清嘉措仁波切	260 元
2	大手印大圓滿雙運	原典：噶瑪恰美仁波切 、釋論：堪布 卡塔仁波切	380 元
3	恆河大手印	原典：帝洛巴尊者、釋論：第十世桑傑年巴仁波切	380 元
4	放空	作者：堪布 慈囊仁波切	330 元
5	乾乾淨淨向前走	作者：堪布 卡塔仁波切	340 元
6	修心	作者：林谷祖古仁波切	330 元
8	除無明闇	原典：噶瑪巴旺秋多傑、講述：堪布 卡塔仁波切	340 元
9	恰美山居法 1	作者：噶瑪恰美仁波切、講述：堪布卡塔仁波切	420 元
10	薩惹哈道歌	根本頌：薩惹哈尊者、釋論：堪千 慈囊仁波切	380 元
12	恰美山居法 2	作者：噶瑪恰美仁波切、講述：堪布卡塔仁波切	430 元
13	恰美山居法 3	作者：噶瑪恰美仁波切、講述：堪布卡塔仁波切	450 元
14	赤裸直觀當下心	作者：第 37 世直貢澈贊法王	340 元
15	直指明光心	作者：堪布 竹清嘉措仁波切	420 元

16	達賴喇嘛說金剛經	作者：達賴喇嘛	390 元
17	恰美山居法 4	作者：噶瑪恰美仁波切、講述：堪布卡塔仁波切	440 元
18	願惑顯智：岡波巴大師大手印心要	作者：岡波巴大師、釋論：林谷祖谷仁波切	420 元
19	仁波切說二諦	原典：蔣貢康楚羅卓泰耶、釋論：堪布 竹清嘉措仁波切	360 元
20	沒事，我有定心丸	作者：邱陽．創巴仁波切	460 元
21	恰美山居法 5	作者：噶瑪恰美仁波切、講述：堪布卡塔仁波切	430 元
22	真好，我能放鬆了	作者：邱陽．創巴仁波切	430 元
23	就是這樣： 《了義大手印祈願文》釋論	原典：第三世大寶法王噶瑪巴 讓炯多傑、 釋論：國師嘉察仁波切	360 元
24	不枉女身： 佛經中，這些女人是這樣開悟的	作者： 了覺法師、了塵法師	480 元
25	痛快，我有智慧劍	作者：邱陽．創巴仁波切	430 元
26	心心相印，就是這個！ 《恆河大手印》心要指引	作者：噶千仁波切	380 元
27	不怕，我有菩提心	作者：邱陽．創巴仁波切	390 元
28	恰美山居法 6	作者：噶瑪恰美仁波切、講述：堪布卡塔仁波切	430 元
29	如是，我能見真實	作者：邱陽．創巴仁波切	470 元
30	簡單，我有平常心	作者：邱陽．創巴仁波切	430 元
禪修引導系列			
1	你是幸運的	作者：詠給．明就仁波切	360 元
2	請練習，好嗎？	作者：詠給．明就仁波切	350 元
3	為什麼看不見	作者：堪布竹清嘉措波切	360 元
4	動中修行	作者：創巴仁波切	280 元
5	自由的迷思	作者：創巴仁波切	340 元
6	座墊上昇起的繁星	作者：堪布 竹清嘉措仁波切	390 元
7	藏密氣功	作者：噶千仁波切	360 元
8	長老的禮物	作者：堪布 卡塔仁波切	380 元
9	醒了就好	作者：措尼仁波切	420 元
10	覺醒一瞬間	作者：措尼仁波切	390 元
11	別上鉤	作者：佩瑪．丘卓	290 元
12	帶自己回家	作者：詠給．明就仁波切 ／ 海倫特寇福	450 元
13	第一時間	作者：舒雅達	380 元
14	愛與微細身	作者：措尼仁波切	399 元
15	禪修的美好時光	作者：噶千仁波切	390 元
16	鍛鍊智慧身	作者：蘿絲泰勒金洲	350 元
17	自心伏藏	作者：詠給．明就仁波切	290 元
18	行腳：就仁波切努日返鄉紀實	作者：詠給．明就仁波切	480 元
19	中陰解脫門	作者：措尼仁波切	360 元

20	當蒲團遇見沙發	作者：奈久・威靈斯	390 元
21	動中正念	作者：邱陽・創巴仁波切	380 元
22	菩提心的滋味	作者：措尼仁波切	350 元
23	老和尚給你兩顆糖	作者：堪布卡塔仁波切	350 元
24	金剛語：大圓滿瑜伽士的竅訣指引	作者：祖古烏金仁波切	380 元
25	最富有的人	作者：邱陽・創巴仁波切	430 元
26	歸零，遇見真實	作者：詠給・明就仁波切	399 元
27	束縛中的自由	作者：阿德仁波切	360 元
28	先幸福，再開悟	作者：措尼仁波切	460 元
29	壯闊菩提路	作者：吉噶・康楚仁波切	350 元
密乘實修系列			
1	雪域達摩	英譯：大衛默克、喇嘛次仁旺都仁波切	440 元
儀軌實修系列			
1	金剛亥母實修法	作者：確戒仁波切	340 元
2	四加行，請享用	作者：確戒仁波切	340 元
3	我心即是白度母	作者：噶千仁波切	399 元
4	虔敬就是大手印	原作：第八世噶瑪巴 米覺多傑、講述：堪布 卡塔仁波切	340 元
5	第一護法：瑪哈嘎拉	作者：確戒仁波切	340 元
6	彌陀天法	原典：噶瑪恰美仁波切、釋義：堪布 卡塔仁波切	440 元
7	藏密臨終寶典	作者：東杜法王	399 元
8	中陰與破瓦	作者：噶千仁波切	380 元
9	斷法	作者：天噶仁波切	350 元
10	噶舉第一本尊：勝樂金剛	作者：尼宗赤巴・敦珠確旺	350 元
11	上師相應法	原典：蔣貢康楚羅卓泰耶、講述：堪布噶瑪拉布	350 元
12	除障第一	作者：蓮師、秋吉林巴，頂果欽哲法王、祖古烏金仁波切等	390 元
13	守護	作者：第九世嘉華多康巴 康祖法王	380 元
14	空行母事業	作者：蓮師、秋吉德千林巴、祖古・烏金仁波切等	390 元
心靈環保系列			
1	看不見的大象	作者：約翰・潘柏璽	299 元
2	活哲學	作者：朱爾斯伊凡斯	450 元
大圓滿系列			
1	虹光身	作者：南開諾布法王	350 元
2	幻輪瑜伽	作者：南開諾布法王	480 元
3	無畏獅子吼	作者：紐修・堪仁波切	430 元
4	看著你的心	原典：巴楚仁波切、釋論：堪千 慈囊仁波切	350 元
5	椎擊三要	作者：噶千仁波切	399 元

6	貴人	作者：堪布丹巴達吉仁波切	380 元
如法養生系列			
1	全心供養的美味	作者：陳宥憲	430 元
佛法與活法系列			
1	收拾書包成佛去	作者：第十四世達賴喇嘛 比丘丹增・嘉措、比丘尼圖丹・卻准	480 元
2	我的未來我決定	作者：邱陽・創巴仁波切	370 元
3	如來藏，藏如來	作者：第十四世達賴喇嘛 比丘丹增・嘉措、比丘尼圖丹・卻准	480 元
4	蓮師在尼泊爾	作者：蓮花生大士、拉瑟・洛扎瓦、賈恭・帕秋仁波切	390 元
5	達賴喇嘛說止觀	作者：第十四世達賴喇嘛 比丘丹增・嘉措、比丘尼圖丹・卻准	480 元

經典開示 16

達賴喇嘛說金剛經

（原書名）**尊者教你讀通金剛經**

作　　者	第十四世達賴喇嘛 尊者
審　　定	格西朗望札熙
藏文聽打 藏譯中	班智達翻譯小組
英譯中	呂家茵
發行人	孫春華
社　　長	妙融法師
總編輯	黃靖雅
執行主編	李建弘
封面題字	奚　淞
封面攝影	鄭履中
美術設計	徐烈火
行銷企劃	黃志成
印務發行	黃新創

國家圖書館出版品預行編目（CIP）資料

達賴喇嘛說金剛經 / 第十四世達賴喇嘛著；
呂家茵譯，-- 初版，-- 新北市：眾生文化，2017.07
面；　公分，--（經典開示；16）
ISBN 978-986-6091-78-0（平裝）

1. 般若部

221.44　106010172

台灣發行

眾生文化出版有限公司
地址：220 新北市板橋區四川路 2 段 16 巷 3 號 6 樓
電話：886-2-89671019 / 傳真：886-2-89671069
劃撥帳號：16941166 戶名：眾生文化出版有限公司
電子信箱：hy.chung.shen@gmail.com
網址：www.hwayue.org.tw

台灣總經銷

紅螞蟻圖書有限公司
地址：台北市 114 內湖區舊宗路 2 段 121 巷 19 號
電話：886-2-27953656　傳真：886-2-27954100
電子信箱：red0511@ms51.hinet.net

香港經銷點

佛哲書舍
地址：九龍旺角洗衣街 185 號地下
電話：852-2391-8143　傳真：852-2391-1002
電子信箱：bumw2001@yahoo.com.hk

印　　刷 博創印藝文化事業有限公司
初版一刷 2016 年 7 月
二版六刷 2021 年 9 月
ISBN 978-986-6091-78-0（平裝）
定　　價　390 元
◎本書如有破損、缺頁、裝訂錯誤，請寄回更換
◎未經正式書面同意，不得以任何形式做全部或局部之翻印、仿製、改編或轉載　版權所有 ・ 翻印必究